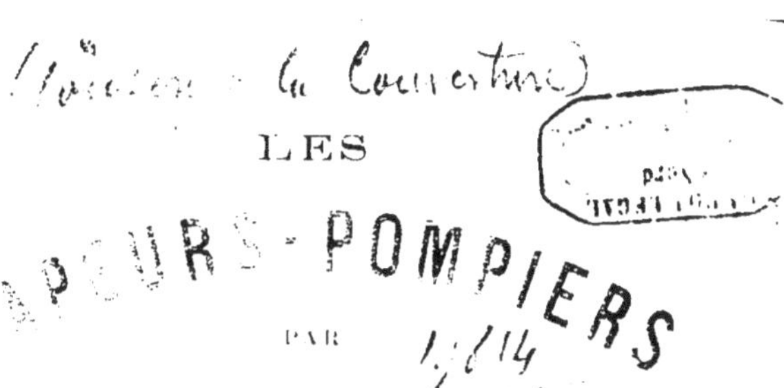

LES SAPEURS-POMPIERS

PAR

FRANCOIS BOURNAND

Ouvrage illustré par MM. Charles MOREL, Félicien PINON, etc.

rue des Saints-Pères, 30

J. LEFORT, IMPRIMEUR, ÉDITEUR

rue Charles de Muyssart, 24

LES

SAPEURS-POMPIERS

OUVRAGES DU MÊME AUTEUR :

Nos aumôniers militaires. (A. TAFFIN-LEFORT, éditeur.) 1 vol.

Jeanne d'Arc. (A. TAFFIN-LEFORT, éditeur.) 1 vol.

L'éloquence et la littérature chrétiennes : des origines à la fin du XVIIIe siècle. (DELHOMME et BRIGUET, éditeurs.) 1 vol.

Trois artistes chrétiens : Michel-Ange, Raphaël et H. Flandrin. (DELHOMME et BRIGUET, éditeurs.) 1 vol.

Histoire de l'art chrétien. (BLOUD et BARRAL, éditeurs.) 2 vol.

Le clergé pendant la guerre *(médaille d'or).* (TOLRA, éd.) 1 vol.

Le clergé pendant la Commune. (TOLRA, éditeur.) 1 vol.

Paris-Salon. (E. BERNARD, éditeur.) 5 vol.

La Terreur à Paris *(médaille de bronze).* (A. SAVINE, éd.) 1 vol.

Les Sœurs des hôpitaux *(médaille d'or).* (A. SAVINE, éd.) 1 vol.

Les grands artistes de la Renaissance italienne. *(médaille de bronze).* (E. BERNARD, éditeur.) 1 vol.

Histoire de l'art en France. (GÉDALGE jeune, éditeur.) 1 vol.

Histoire des arts décoratifs en France. (GÉDALGE jeune, éditeur.) 1 vol.

Les Pièges de la Bourse. (En collaboration avec M. H. QUINET.) (A. SAVINE, éditeur.) 1 vol.

Christophe-Colomb. (A. TAFFIN-LEFORT, éditeur.) 1 vol.

Sous Presse :

La Sainte Vierge dans les Arts.

Le Commandant Rivière.

Les Banques. (En collaboration avec M. H. QUINET.)

En Préparation :

L'amour sous la Révolution.

Les ancêtres révolutionnaires.

La vie du Christ dans les Arts.

LES

SAPEURS-POMPIERS

PAR

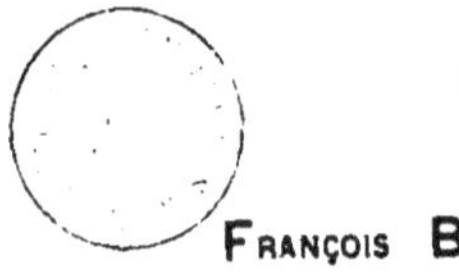

François BOURNAND

Ouvrage illustré par MM. Charles MOREL, Félicien PINON, etc.

PARIS
rue des Saints-Pères, 30
J. LEFORT, IMPRIMEUR-ÉDITEUR
A. TAFFIN-LEFORT, Successeur
rue Charles de Muyssart, 24
LILLE

Au

Lieutenant-Colonel

Lécuyer

—•—

En témoignage de bonne Amitié.

F. B.

Octobre 1892.

INTRODUCTION

Les Français aiment les Pompiers. Dans toutes les villes de France on les acclame, on les fête, on a un faible pour eux.

Cela s'explique aisément. Les Sapeurs-Pompiers sont d'une utilité incontestable, le feu étant comme l'eau une chose nécessaire mais parfois bien dangereuse.

Quoi de plus terrible qu'un incendie ou qu'une inondation?

L'un et l'autre sont la source de calamités épouvantables, de désastres inoubliables.

Sans les Pompiers, que deviendrions-nous bien souvent !

L'histoire est là pour nous montrer les désastres sans nombre occasionnés par les incendies.

Parmi les plus récents, rappelons les principaux de ces sinistres :

L'incendie de Moscou, en 1571.

L'incendie du Palais de justice, en 1618.

L'incendie de Londres, en 1666.

L'incendie du Palatinat, en 1689.

L'incendie du Phénix, en 1819.

L'incendie de la cathédrale de Rouen, en 1822.

L'incendie du Kent, en 1825.

L'incendie de Salins, en 1825.

L'incendie des Chambres du Parlement anglais, en 1834.

L'incendie de la cathédrale de Chartres, en 1836.

L'incendie de la Tour de Londres, en 1841.

L'incendie de Glaris, en 1861.

L'incendie de Paris, en 1871.

L'incendie de Chicago, en 1871.

L'incendie de l'Opéra, en 1873.

L'incendie de l'Opéra-Comique, en 1888.

Sans les braves Pompiers, il est certain que ces désastres bien grands auraient été, hélas! plus grands encore. Songeons qu'un petit incendie, qu'on aurait pu facilement éteindre à son début, peut devenir la cause d'une grande ruine.

Combien de malheurs ont été évités par le dévouement des Sapeurs-Pompiers? on ne le saura jamais, et la gratitude envers eux ne pourra jamais être assez grande.

LES

SAPEURS - POMPIERS

PREMIÈRE PARTIE

I

LES POMPIERS EN FRANCE

Ce fut dès les rois de la première race, que Paris eut des *vigiles* ou gardes de nuit chargés de veiller aux incendies.

Un décret du roi Clotaire II, daté de 595, montre le soin que l'on prenait déjà pour surveiller les incendies qui devaient être terribles, les maisons étant alors toutes construites en bois et serrées les unes contre les autres.

En 803, Charlemagne donna l'ordre, sous peine d'amende, à un certain nombre d'habitants de chaque ville, de veiller à la sécurité de tous à propos des incendies.

Il existait alors un ancien usage. Quand un incendie se déclarait, les prêtres s'assemblaient, et l'on portait, sur le lieu du sinistre, le Saint Sacrement. On jetait ensuite dans les flammes le *corporal*, ce linge consacré dont on se sert pour mettre le calice sur l'autel.

Cette ancienne coutume existait encore en plein milieu du XVIe siècle. En 1524, la France fut désolée par un grand nombre d'incendies attribués, par la rumeur populaire, au connétable de Bourbon. Le village de Meaux fut détruit. Comme on craignait de voir le feu se rapprocher de Paris, le Parlement prit des mesures extraordinaires, ordonna, sous peine d'amende et de la prison, qu'on fît des provisions d'eau dans chaque maison, qu'on bouchât hermétiquement les soupiraux des caves et sous-sols, et qu'on allumât des lanternes aux fenêtres, à partir de neuf heures du soir.

Jusqu'au règne du roi Louis XIV, il n'exista à Paris que des moyens absolument dérisoires, complètement inefficaces, de combattre le feu et d'arrêter les incendies. En province, l'idée même de se prémunir des plus simples préservatifs n'était venue à personne.

Les membres des communautés religieuses et principalement les *Capucins* étaient alors les pompiers, et le matériel consistait en un certain nombre de seaux en bois ou en fer, qu'on réunissait dans un hangar de la communauté, afin de pouvoir porter secours dans les cas urgents (1).

Une ordonnance du roi, datée de 1670, obligeait bien tous les ouvriers en bâtiment à prêter leur aide au premier appel ; mais rien n'était bien organisé, et les malheureux ne pouvaient guère que regarder leurs maisons brûler.

Mademoiselle de Montpensier, dans ses *Mémoires*, raconte qu'un incendie s'étant déclaré au Louvre, « on y porta le

(1) Dans une lettre du 20 janvier 1671, parlant d'un incendie, Mme de Sévigné rend témoignage en faveur des *Capucins*, ces premiers Pompiers.

Le grand Condé les appelait gaiement les *Ordres Salamandres*, à cause de leur empressement à se dévouer dans les incendies.

Saint Sacrement de l'église de Saint-Germain-l'Auxerrois, qui en est la paroisse; dans le moment qu'il arriva, le feu cessa. »

Par une ordonnance du mois de décembre 1254, le roi saint Louis autorisa les gens de métier de Paris à faire le guet pour assurer la sécurité de la ville à tous les points de vue, c'est-à-dire aussi bien pour veiller aux incendies que pour empêcher les vols.... Et au cas d'incendie, il fut prescrit au guet bourgeois de se joindre au prévôt de Paris, chargé de diriger les secours.

Tout le monde connait la lettre de Mme de Sevigné, racontant l'incendie de la maison du comte Guitaut d'Époisse :

« Je vis la maison de Guitaut toute en feu ; les flammes passaient par-dessus la maison de Mme de Vauvineuse. On voyait dans nos cours, et surtout chez M. de Guitaut, une clarté qui faisait horreur. C'étaient des cris, c'était une confusion, c'étaient des bruits épouvantables de poutres et de solives qui tombaient. Je fis ouvrir ma porte, j'envoyai mes gens au secours. M. de Guitaut m'envoya une cassette de ce qu'il a de plus précieux; je la mis dans mon cabinet, et puis je voulus aller dans la rue pour bayer comme les autres.... Pour moi, j'étais comme dans une île, mais j'avais grand'pitié de mes pauvres voisins. Mme Guéten et son frère donnaient de très bons conseils. Nous étions tous dans la consternation. Le feu était si allumé qu'on n'osait en approcher, et l'on n'espérait la fin de cet embrasement qu'avec la fin de la maison de ce pauvre Guitaut; il faisait pitié.... Des capucins, pleins de charité et d'adresse, travaillèrent si bien qu'ils coupèrent le feu. On jeta de l'eau sur les restes de l'embrasement, et enfin *le combat finit faute de combattants,* c'est-à-dire que le premier et le second étage de l'antichambre et de la petite chambre du cabinet qui sont à la main droite du salon ont été entièrement consumés.

» On appela bonheur ce qui restait de la maison, quoiqu'il y eut pour le pauvre Guitaut pour plus de dix mille écus de perte (1). »

(1) Lettres de Mme de Sévigné à Mme de Grignan.

Par un édit du 15 mars 1667, le roi ayant créé la charge de *lieutenant du prévôt de Paris pour la police*, ce fut cet officier qui fut chargé de tout ce qui concernait la sûreté de la ville et vicomté de Paris, et de donner par suite tous les ordres nécessaires en cas d'incendie.

La même année, le Parlement rendit un arrêt qui régla les devoirs des *quarteniers*.

On appelait ainsi du nom de quarteniers les fonctionnaires qui étaient chargés du service des incendies dans les différents quartiers de la ville.

Ils étaient obligés d'avoir toujours chez eux des échelles, des seaux, des crocs, des haches, et ils devaient veiller à l'entretien ou au remplacement de ces différents objets de sauvetage.

Par une ordonnance de police du 7 mars 1670, et par une ordonnance du prévôt des marchands du 31 juillet 1681, il était enjoint au commissaire de police de chaque quartier de requérir l'assistance des maîtres des divers métiers concernant le bâtiment par une sommation expresse. Cette sommation restant presque toujours sans effet, en raison de l'absence habituelle de l'entrepreneur, on avait recours au tocsin, lequel faisait accourir sur le théâtre de l'incendie, indépendamment des maîtres, des masses d'ouvriers, de compagnons et d'apprentis.

Des outils propres à éteindre l'incendie étaient déposés dans tous les quartiers de Paris, au domicile des conseillers de ville, des quarteniers, des anciens échevins, des cinquanteniers, des dizainiers et de plusieurs notables bourgeois. L'eau, dont le secours est si nécessaire dans de pareils dangers, était tirée non seulement des fontaines, mais des puits. Les propriétaires des maisons qui renfermaient ces puits étaient tenus, sous peine d'amende, de les tenir munis de cordes et de poulies, ainsi que d'un ou plusieurs seaux (1).

Plus tard, vers 1693, un grand incendie dévora aussi

(1) Frégier. *Histoire de la Police de Paris.*

le bel hôtel de l'historiographe du roi, le chevalier de Walincour.

M. de Walincour avait en dépôt chez lui le manuscrit de Racine et de Boileau sur la vie du roi Louis XIV.

« On essayait de sauver ce qu'on pouvait du mobilier, sans trop s'occuper de la maison qui flambait comme un fagot de bois sec.... Walincour donna vingt louis à un Savoyard pour qu'il allât chercher le manuscrit de la *Vie du roi* ; à travers les flammes il y alla, mais il lui rapporta un recueil de gazettes (1).... »

Tout cela était bien défectueux pour la sécurité publique. Il fallut arriver au commencement du XVIIIe siècle pour voir un commencement de sérieuse protection.

Au commencement d'octobre 1699, le roi Louis XIV accorda au sieur François Dumouriez Dupérier, commissaire ordonnateur des guerres, le privilège exclusif de construire et de vendre, pendant un espace de trente années, dans toute l'étendue de la France, des pompes portatives, analogues à celles qu'on voyait servir en Allemagne, en Angleterre, en Hollande.

Une ordonnance, en date du 12 janvier 1705, prescrivit une loterie, dont le bénéfice devait être affecté à l'achat de douze pompes à incendie pour la ville de Paris.

Ces pompes furent déposées dans les couvents, remises aux bons soins des moines, qui, en cas d'incendie, s'étaient engagés à traîner eux-mêmes les pompes sur le lieu du sinistre (2).

En 1716, Dupérier fut nommé *directeur des pompes*. On lui adjoignit un personnel, qui *fut le noyau du corps des Sapeurs-Pompiers*.

L'uniforme consistait alors uniquement en un chapeau de

(1) *Mémoire du temps.*

(2) En 1742, comme on accusait déjà les Capucins d'être inutiles à la société, leur avocat opposait cette défense typique : « Faudra-t-il donc forcer ces religieux de souhaiter une *peste*, ou un *incendie* public, pour prouver évidemment l'utilité des Capucins ?

feutre couvert d'un tissu en fil de fer, auquel était jointe une visière relevée.

En 1720, le chapeau fut remplacé par une calotte de fer, portant sur le devant une plaque de même métal.

« En 1716, dit le *Moniteur de l'armée*, on comptait vingt pompes, mais déjà en assez mauvais état; une ordonnance royale du 23 février en porta le nombre à trente-six, et commit trente-six hommes, exercés à ce service, pour les mettre en activité et diriger les manœuvres, moyennant une allocation annuelle de 6.000 livres, applicables aux frais d'entretien et d'exploitation. »

Tous les six mois, on avertissait les habitants, par des affiches placées au coin des rues, des endroits où étaient remisées les pompes et la demeure des gardiens.

Dupérier succéda à son père. Il prit les épaulettes de colonel et fut nommé chevalier de Saint-Louis, grande distinction qui n'était alors accordée qu'aux militaires.

Les gardes eurent, de par le roi, la faveur de pouvoir entrer aux Invalides dans les mêmes conditions que les autres soldats.

Quand Dupérier fut remplacé par Morat, les Pompiers reçurent des épaulettes jaunes.

En 1722, des lettres patentes par arrêt ordonnaient l'achat de dix-sept appareils nouveaux, et arrêtaient que soixante hommes, habillés d'un costume uniforme, seraient chargés spécialement du service des incendies.

En 1770, le corps fut porté à cent quarante-six hommes payés. Il y eut seize corps de garde.

En 1785, il y eut deux cent vingt hommes.

En 1789, au mois de décembre, le Département de la garde nationale fit publier un règlement concernant le service des incendies.

Le 9 ventôse an III, le nombre des gardes-pompes fut porté à trois cent soixante-seize hommes, composant trois compagnies.

Les hommes furent nourris, mais non casernés; jusqu'au 6 juillet 1801 ils continuèrent à loger en ville.

Leur uniforme se composait d'un casque en cuivre, d'un habit de drap bleu de roi et d'une culotte bleue avec des guêtres rouges (la couleur du feu)!

En 1810, pendant un bal, un violent incendie éclata à l'ambassade d'Autriche, rue du Mont-Blanc, à Paris.

Cet incendie, où l'on s'aperçut de l'insuffisance des moyens de secours, fut la cause indirecte de la création du *régiment des Sapeurs-Pompiers*.

LE PREMIER POMPIER EN FRANCE

Nous avons parlé de Dupérier; on peut dire que ce François DUMOURIEZ DUPÉRIER fut le *premier Pompier de France*.

Donnons quelques détails anciens sur ce *premier Pompier* qui a bien droit à quelques lignes dans ce livre (1).

« S'il faut en croire Grimarest (2), l'un des premiers biographes de Molière, l'auteur du *Misanthrope* était l'homme du monde qui se faisait le plus servir. Il fallait l'habiller comme s'il eût été un grand seigneur, et il n'aurait pas arrangé lui-même, à coup sûr, les plis de sa cravate. Monval a rétabli pour nous l'histoire du plus célèbre, ou du moins, du plus connu des laquais du grand homme. C'était un obscur comédien de sa troupe qui se nommait François DUMOURIEZ DUPÉRIER, et qui appartenait à une ancienne famille parlementaire de Provence (d'où le nom de Provençal donné par Molière à son domestique), laquelle famille avait déjà été illustrée jadis par un vers de Malherbe :

Ta douleur, Dupérier, sera donc éternelle!

» C'est seulement en 1686, le 6 novembre, que ce Dupérier fut admis à la Comédie-Française, et reçu dans la Compa-

(1) C'est M. Georges Monval, l'archiviste érudit de la Comédie-Française, qui, dans son nouveau livre sur le *Laquais de Molière*, nous a donné là une révélation inattendue.

(2) *Le Figaro*, 29 janvier 1887. — Georges d'Heylli.

gnie à quart de part, pour jouer précisément les anciens rôles de son maître. En avril 1689, il a la demi-part, et enfin, le 1er mars 1692, il fut promu à la part entière.

» C'était, en somme, un artiste ordinaire, « comédien de province, dit Monval, et par surcroît gargotier, tripotier, homme d'intrigues, croupier de bassette et quelque peu chevalier d'industrie. » Il resta à la Comédie jusqu'en juillet 1705, et obtint sa retraite définitive, le 19 octobre suivant, avec une pension de mille livres.

Son nom serait certainement tout à fait oublié aujourd'hui, si son seul talent de comédien avait dû le faire survivre. Mais Dupérier a eu, heureusement pour lui, d'autres titres à la reconnaissance de ses contemporains et même de l'humanité tout entière.

» Ce comédien, dont la mémoire était souvent réfractaire, avait en effet, au dehors, de nombreuses affaires de tous les genres qui le détournaient souvent de ses devoirs professionnels. Mais la plus importante de toutes est son entreprise des pompes à incendie, dont il eut l'absolue et première initiative.

» Pour bien apprécier l'étendue des services rendus par Dupérier en cette circonstance, il faut rappeler qu'avant lui on ignorait en France l'usage de la pompe portative, et que les maîtres maçons, charpentiers et couvreurs, assistés de quelques capucins, cordeliers et soldats, ne se servaient pour combattre les incendies que de pioches, de crocs et d'échelles, quelquefois de grosses seringues, le plus souvent de seaux remplis à la chaîne, outils rudimentaires et presque toujours impuissants.

» Non seulement Dupérier introduisit chez nous la pompe à incendie, il organisa encore le corps des *gardes-pompes*, et l'on peut dire que ce comédien obscur fut *le premier pompier de France*, plus d'un siècle avant la création du corps des Sapeurs-Pompiers par le décret impérial du 18 septembre 1811. Un brevet, avec privilège, lui fut accordé par lettres patentes du 12 octobre 1699, et, le

LA VISITE DU COLONEL ET DES AUTORITÉS

23 février 1716, une ordonnance royale lui assura à perpétuité l'entretien des pompes et lui conféra le titre de directeur général de leur exploitation.

» Deux ans plus tard, dans le terrible incendie du Petit-Pont, qui éclata dans la nuit du 27 au 28 avril 1718, les pompes de Dupérier eurent un rôle considérable, ainsi que le constate le *Mercure* de l'époque, qui donne à l'ancien comédien les éloges les plus mérités pour son admirable invention, en même temps qu'un brevet public de dévouement et de courage pour sa belle conduite en cette circonstance. Dupérier avait alors soixante-huit ans.

» L'année suivante, désirant assurer à son œuvre une existence durable, il fit désigner par avance son fils François-Nicolas, âgé seulement de quatorze ans, pour lui succéder. Trois ans plus tard, il réorganise et accroît encore l'importance de son entreprise, qui compte, en 1722, trente pompes et soixante gardiens. Enfin, le 21 juin 1723, l'ancien valet de Molière mourait, un demi-siècle après son maître, âgé de soixante-treize ans. Son fils lui succéda comme directeur général des pompes pour empêcher *(sic)* les incendies. »

UTILITÉ DES SAPEURS-POMPIERS

Tous les efforts doivent être tentés pour améliorer partout non seulement le sort des Sapeurs-Pompiers, mais perfectionner le matériel, le rendre plus considérable, prendre toutes les précautions imaginables.

On ne doit aucunement regarder à la dépense, car l'argent dépensé pour l'amélioration des moyens de combattre l'incendie est un argent utilement placé : « Un incendie est en effet chose grave et peut avoir des conséquences qui ne frappent pas au premier abord, mais qui sont en réalité nuisibles aux intérêts de la ville de Paris. Le feu détruit d'abord sans retour une valeur immédiate, et cette perte ne profite à personne : c'est une perte sèche au point de vue national. Si le feu a détruit une grande usine ou un grand atelier, le travail est interrompu pour un temps qui peut être considérable ; deux cents, trois cents à cinq cents ouvriers restent sans ouvrage et, par la misère qui survient, retombent en partie à la charge de l'assistance publique. Pendant la suspension du travail, les matières premières soumises à l'octroi n'entrent plus dans Paris (1).

» Enfin l'incendie expose la vie humaine, qui est elle-même un capital dont nous devons nous montrer avares, tant au point de vue économique qu'au point de vue humanitaire. L'argent consacré à combattre le fléau du feu est donc de l'argent bien placé (2). »

LES SAPEURS-POMPIERS EN PROVINCE

Il y a longtemps déjà, bien avant 1845, le commandant des Sapeurs-Pompiers, le chevalier Paulin, disait qu'il faudrait des pompiers militaires dans chaque ville importante :

« Je pense, écrivait-il, que le gouvernement devrait affecter à chaque ville dix, quinze, vingt, cinquante, cent hommes, suivant son importance, avec les officiers et sous-officiers nécessaires pour les commander. Ces hommes recevraient la solde et les masses de la guerre ; la ville les logerait, fournirait le matériel des incendies, et leur donnerait une haute paie pour subvenir à l'achat de quelques parties de l'équipement.

» Ces militaires seraient chargés de l'extinction des incendies, et seraient en même temps instruits aux manœuvres d'infanterie, comme les pompiers de Paris. De cette manière, on aurait des secours réguliers partout, sans plus de

(1) *Rapport de la Commission*, de 1877.

(2) A Tokio (Japon), 4,000 personnes restent sans abri, par suite de la destruction d'une partie de la ville. La ville de Minsk (Russie) est complètement ruinée, 500 maisons ayant été détruites.

frais pour le département de la guerre. Ces troupes seraient inspectées comme celles de l'armée; à un signal de guerre, elles rejoindraient leurs corps respectifs, et les compagnies bourgeoises qui, comme nous l'avons dit, seraient conservées, les remplaceraient.

» De plus, ces troupes, rentrant dans leurs foyers au fur et à mesure des libérations, formeraient en peu de temps la masse des compagnies bourgeoises, qui seraient alors aussi instruites que les compagnies militaires et les remplaceraient bien plus utilement au besoin.

» On obtiendrait par ce moyen :

» Régularité dans le matériel; régularité dans les moyens de secours; obéissance complète au moment du danger, et une grande célérité pour les départs : tous avantages immenses. Une pareille institution honorerait à jamais les ministres qui l'auraient créée. »

RÉFLEXIONS SUR LE CORPS DES SAPEURS-POMPIERS EN FRANCE

A la même époque, le même commandant des Sapeurs-Pompiers de Paris donnait aussi un projet d'organisation des Sapeurs-Pompiers dans les villes de France et dans l'armée, projet qui aurait dû être mis à exécution depuis longtemps et dont la réalisation serait vraiment une belle et bonne chose.

Les incendies et les conséquences qui en résultent, disait-il, sont quelquefois si graves, qu'on ne saurait rechercher avec trop de soin les moyens de combattre un fléau redoutable partout, et principalement dans les grandes villes et les villes manufacturières.

Les résultats d'un violent sinistre sont : la destruction des propriétés, des manufactures et des édifices publics; par suite, la ruine des propriétaires et des assureurs, les désordres dans les quartiers menacés, les vols commis dans les maisons où l'on s'introduit sous prétexte de venir demander des secours, enfin quelquefois la mort des hommes.

Il est donc de toute évidence qu'il serait utile d'établir dans chaque ville un corps spécialement chargé de l'extinction des incendies, et de donner à ce corps une organisation particulière et relative au service dont il doit être chargé.

Or, pour que le corps des Sapeurs-Pompiers d'une ville puisse obtenir de bons résultats, il est indispensable qu'il agisse avec la plus grande célérité possible ; il ne s'agit pas en effet de se présenter sur les lieux menacés après que l'incendie a pris un tel degré d'intensité qu'il ne reste plus qu'à faire la part du feu, et à s'occuper de la conservation des propriétés adjacentes; car, dès ce moment, il y a déjà ruine pour les propriétaires et trouble dans le quartier où se trouve la maison incendiée. Il faut arriver assez à temps pour que tout incendie (à l'exception de ceux qui éclateraient dans un lieu où se trouveraient réunies des matières éminemment inflammables, telles que des fourrages, des huiles, des spiritueux, etc., et qui font des progrès si rapides qu'on peut rarement les maîtriser) soit comprimé de suite et réduit à si peu de chose que le public n'ait plus à craindre qu'il se propage.

On ne peut obtenir ce résultat qu'en établissant des postes d'observation en raison de l'étendue de la ville, afin que l'incendie éclatant dans un quartier, on puisse en quelques minutes faire arriver des secours de l'un de ces postes.

Or, il n'est possible d'obtenir cette promptitude dans le service des incendies qu'en soldant les Sapeurs-Pompiers, et en les obligeant dès lors à ne jamais quitter les postes qui leur sont confiés.

A Paris, le corps des Sapeurs-Pompiers est purement militaire, et cela est indispensable pour obtenir promptement la réunion d'un assez grand nombre d'hommes au moment du danger; il serait nécessaire qu'il en fût de même dans les villes de province, ou que du moins l'organisation de ce corps se rapprochât le plus possible d'une organisation militaire.

L'objection qu'on présentera tout d'abord, c'est qu'il faudrait imposer les villes, pour subvenir aux dépenses qu'exigeraient l'entretien et l'instruction d'un corps permanent de Sapeurs-Pompiers dans chacune d'elles.

On répondra à cela que si la création de ces corps, comparée aux dépenses qui en résulteraient, présente de grands avantages, il n'y aura pas un conseil municipal, pas un habitant, qui ne consente à voter ces dépenses. C'est donc cette comparaison qui est la première chose à établir. Or il est facile à chaque ville de se rendre compte du nombre de sinistres arrivés dans le cours d'une année commune, de voir quelles ont été les pertes éprouvées tant par les particuliers que par les assureurs; de comparer ces pertes aux dépenses que nécessiteraient le matériel et le personnel d'un corps de Sapeurs-Pompiers, et de s'assurer par là de quel côté pencherait la balance.

On pourrait objecter que, puisque jusqu'ici ce service s'est fait dans toutes les localités par les bourgeois, il est possible de continuer sur ce pied, et par conséquent d'éviter, pour les localités, une nouvelle dépense.

Nous répondrons que les secours donnés de bonne volonté et avec dévouement ne peuvent arriver que lentement, parce que chaque bourgeois est à ses occupations; que personne ne commande, que personne ne connaît ce métier, qui, comme tout autre, a ses principes; qu'enfin on voit tous les jours en province un feu, qui n'eût été rien, devenir un incendie, parce que les secours n'ont été ni assez prompts ni assez efficaces.

Nous ferons observer, d'ailleurs, que le corps chargé d'éteindre les incendies, agissant non seulement dans l'intérêt des habitants, mais encore dans celui des assureurs, on pourrait exiger des compagnies d'assurance une somme annuelle pour coopérer à l'entretien de ce corps; en donnant aux Sapeurs-Pompiers une organisation militaire, les postes qu'ils occuperaient seraient encore utiles pour le maintien de l'ordre dans chaque ville.

En supposant donc qu'il fût reconnu convenable d'établir un corps de Sapeurs-Pompiers dans chaque ville, il faudrait pour que ce corps pût rendre tout le service qu'on doit en attendre, qu'il fût composé d'hommes ayant l'expérience du métier, ou du moins d'un noyau d'hommes déjà formés, et qui seraient instructeurs et sous-officiers dans ce corps.

Pour former promptement ce noyau, la capitale pourrait envoyer dans chaque ville de province quelques hommes bien exercés, et les villes enverraient à Paris, si toutefois elles le jugeaient nécessaire, quelques hommes adroits et intelligents, qui seraient bientôt au courant du métier et de tout ce que l'on doit à la vieille expérience des Sapeurs-Pompiers de la capitale. Ces hommes seraient répartis dans les compagnies, et les villes qui les enverraient, paieraient à la caisse municipale de Paris les frais d'entretien des hommes, pendant le temps que durerait leur instruction (*deux ans*); cette dépense serait d'environ 600 francs par homme pour une année.

Frappé de la rapidité effrayante avec laquelle se succèdent les incendies dans toutes les provinces de la France, incendies qui ne dévorent pas une ou deux maisons, mais des quartiers en entier, j'ai pensé qu'il était de mon devoir d'éclairer l'autorité sur les changements et les améliorations à faire dans le service des Sapeurs-Pompiers de province.

Il est évident que ces déplorables événements proviennent de ce que le feu une fois allumé, soit par accident, soit par malveillance, on ne peut obtenir assez promptement les secours nécessaires pour le maîtriser, parce que le service des Sapeurs-Pompiers dans les provinces est tout de bonne volonté, et que cela ne suffit pas.

Pour que ce service soit bien fait, il faut qu'il soit d'obligation absolue; il faut que les Sapeurs-Pompiers soient toujours à leur poste, et punis sévèrement lorsqu'ils manquent à leur service. Or, pour que cette sévérité puisse être exercée, il est indispensable que les Sapeurs-Pompiers soient soldés et de plus militaires; sans cela pas d'exactitude, partant pas de promptitude, qui est la chose essentielle.

L'importance d'un service de Pompiers bien organisé se fait tellement sentir en ce moment, que déjà plusieurs personnes qui ont une grande influence dans leurs départements, sont venues nous prier de leur donner des détails sur la manière dont notre service est organisé à Paris, et que beaucoup de maires des villes de province m'écrivent pour me demander de leur faire l'envoi de pompes. Mais à quoi serviront des pompes si elles ne peuvent être conduites sur le lieu de l'incendie au moment même où il éclate, si l'on ne sait pas en tirer parti, si l'on ne les entretient pas toujours en bon état, etc. ?

Pour les employer efficacement, il faut des hommes qui connaissent bien le métier, qui en fassent une étude spéciale et une application journalière par des attaques simulées; enfin, il faut des Sapeurs-Pompiers soldats qui aillent à la manœuvre de la pompe tous les jours pendant deux ou trois heures, à la théorie des attaques pendant autant de temps; encore ne sauront-ils bien leur métier que dans deux ou trois ans, parce qu'il leur faut de l'expérience, qui ne s'acquiert qu'avec le temps et les occasions.

II

LE RÉGIMENT DES SAPEURS-POMPIERS DE PARIS

Paris est le seule ville de France ayant des *Pompiers militaires* (1), et c'est précisément ce qui fait qu'au point de vue de l'incendie, *c'est la ville la mieux défendue actuellement* (2).

Le corps des Sapeurs-Pompiers, se trouvant composé de bons soldats, devient un *corps d'élite* (3).

(1) La loi du 13 mars 1875, art. 33, dit: « Les Sapeurs-Pompiers de la ville de Paris constituent un RÉGIMENT D'INFANTERIE dont la composition est réglée par le tableau 9 de la série A annexée à la présente loi. Cette composition peut être modifiée, *de concert* avec la ville de Paris, et suivant les besoins du service, par décret du President de la République. »

(2) Pour se bien pénétrer des avantages obtenus par l'organisation militaire du corps des Sapeurs-Pompiers de la ville de Paris, il suffira de faire connaître le nombre d'incendies qui ont eu lieu dans cette ville depuis 1824 jusqu'en 1830 inclusivement.

D'après un relevé fait sur les registres du corps, on en compte 1.220, qui, par leur nature pouvaient devenir très graves. Il y a eu en outre, dans le même intervalle, 6.821 feux de cheminées, ou petits feux. Sur ce nombre, onze seulement ont eu des suites déplorables, parce que les bâtiments et les objets qu'ils renfermaient étaient éminemment combustibles, et que quelques minutes avaient suffi pour les dévorer, en sorte que tout secours devenait impossible; les autres ont été maîtrisés parce que les secours ont été portés promptement et avec intelligence ....Un pareil résultat ne pouvait sûrement pas être obtenu avec des sapeurs-pompiers « civils » (Le commandant Gustave Paulin).

Il y a donc tout intérêt à ce que les pompiers de province s'organisent militairement.

(3) A part deux ou trois grandes villes, le reste est très mal défendu contre l'incendie.

Le corps des Sapeurs-Pompiers de Paris est un corps d'élite (1), *et cela ne peut être autrement*, a écrit d'ailleurs un de ses braves commandants, le chevalier Gustave Paulin. En effet, lorsque les Sapeurs-Pompiers arrivent dans un lieu incendié, ils sont maîtres des localités, tous les objets précieux restent à leur disposition et sous leur garde ; il faut donc, avant tout, qu'ils soient parfaitement honnêtes ; aussi existe-t-il fort peu d'exemples que des hommes de ce corps aient été punis pour infidélité.

Ils doivent être intelligents, car leur métier ne consiste pas à agir comme de simples machines ; ils doivent opérer avec discernement pour éxécuter avec fruit les ordres qui leur sont donnés par leurs chefs, desquels dépend le succès des opérations dont ils sont chargés.

Ils doivent être sages, parce qu'une conduite déréglée, l'ivrognerie, la passion du jeu et la fréquentation des mauvais lieux peuvent les porter à faire plus de dépenses que leur solde ne leur permettrait ; parce qu'ils auraient alors besoin de se procurer de l'argent, et que, par suite, ils pourraient être tentés de soustraire les objets précieux qui se trouveraient abandonnés dans le local incendié qui leur est confié.

Ils doivent être ouvriers d'arts et métiers, maçons, charpentiers, couvreurs, plombiers, parce que les hommes de ces professions ont déjà l'habitude de parcourir les lieux élevés sans être effrayés, et d'opérer sur ces points ; qu'ils sont plus adroits et connaissent la construction des bâtiments.

Ils doivent savoir lire et écrire, afin de pouvoir s'instruire sur les théories qui leur sont données dans les livres, et pouvoir faire, au besoin, un rapport sur ce qu'ils ont remarqué dans un incendie.

Ils doivent avoir une taille moyenne, parce que c'est dans cette classe d'hommes qu'on trouve une constitution robuste et en même temps agile, qui leur permet de faire de

(1) La statistique constate que de 1882 à 1889, les Sapeurs-Pompiers de Paris ont été appelés 19,855 fois à apporter leurs secours contre l'incendie.

la gymnastique et de pouvoir agir ainsi, avec peu de danger, dans des opérations où leur vie serait compromise, s'ils n'avaient une grande habitude de travailler sur des points élevés, isolés et qui présentent peu de sécurité (1).

On s'est élevé fréquemment contre cette organisation militaire du corps des Sapeurs-Pompiers de Paris.

Il n'en est pas moins vrai que c'est précisément là que réside sa force (2).

Rappelons, d'après le colonel Paris, ce qui s'est passé à Lyon.

Lyon possède un bataillon de pompiers, bataillon civil, bataillon municipal, cet idéal des *militarophobes*. Dans la nuit du 25 au 26 mai dernier, le théâtre des Célestins a brûlé de la cave aux combles, pour la deuxième fois depuis dix ans. L'administration a déféré au conseil de discipline du bataillon les Pompiers qui étaient de garde au théâtre dans la nuit de l'incendie; le conseil s'est réuni le 3 juin. Nous citons le rapporteur :

« L'organisation du service des pompiers dans les théâtres

(1) Le « service des secours contre l'incendie » est assuré par un régiment d'infanterie que le ministre de la guerre met à la disposition et à la solde de la ville, et qui porte le nom de *régiment de Sapeurs-Pompiers de Paris*. Le service et l'administration intérieurs ont leurs règles tracées par le règlement du 25 avril 1867; le corps lui-même a été définitivement constitué, comme tous les autres corps de l'armée française, par la loi des cadres du 13 mars 1875; enfin un décret du 20 juillet 1878 a augmenté de douze sergents et cent quatre-vingts sapeurs l'effectif déterminé par la loi précitée.

Il est soumis à tous les règlements de discipline, de manœuvres, et autres, des régiments d'infanterie, et relève comme eux et au même titre, du ministre de la guerre. Il est placé, pour le service militaire, sous les ordres du général commandant la place de Paris et la subdivision de la Seine. Pour son service technique, il ne relève que du Préfet de police.

(2) Les Sapeurs-Pompiers ne pourront rendre des services efficaces que lorsqu'ils seront organisés militairement; les succès qu'obtiennent les Sapeurs-Pompiers de Paris ne tiennent qu'à leur bonne organisation, bien qu'elle ne soit pas encore ce qu'elle devrait être.

Nul ne peut révoquer en doute que c'est à Paris au milieu de l'industrie la plus dangereuse, que les sinistres ont les résultats les moins affligeants, puisque la perte moyenne n'est évaluée qu'à 500.000 fr. par an. Eh bien ! je le répète, c'est à son organisation militaire que ce corps doit ses bons services. (Commandant PAULIN).

de Lyon est on ne peut plus défectueuse, attendu que ce qui s'est passé le jour de l'incendie des Célestins est la reproduction exacte de ce qui se passe quotidiennement. Le jour de l'incendie les boyaux des réservoirs, qui doivent être développés sur la scène à la fin de chaque représentation, n'avaient pas été défaits.

» Les factionnaires n'étaient pas placés sur la scène, comme le règlement l'exige. Aucun des pompiers ne se trouvait dans le poste; ils étaient tous quatre dans le foyer des artistes, un d'entre eux dormait. »

Le rapporteur a conclu à la révocation du caporal et des hommes de garde « qui, a-t-il dit, ont failli à leurs devoirs et n'ont fait preuve ni de courage, ni de sang-froid, ni de dévouement. »

Les pompiers incriminés ont donné des explications desquelles il résulte que, d'une part, ils ignoraient absolument ce qu'ils auraient dû savoir, et d'autre part qu'au moment du danger ils avaient complètement perdu la tête. Le conseil n'a pas pensé qu'il y eût matière à révocation; il a décidé qu'il suffisait de casser le caporal et de rétrograder les deux pompiers de première classe.

Pour avoir manqué de courage! de sang-froid! de dévouement!!

Au régiment de Sapeurs-Pompiers de Paris, ce caporal et ces sapeurs eussent été traduits devant un conseil de guerre pour abandon de leur poste et lâcheté en présence de l'ennemi; la peine prononcée par les art. 211 et 213 du Code de justice militaire est la peine de mort.

Seulement, au régiment de Sapeurs-Pompiers de Paris, ce n'est point dans les registres des conseils de guerre, mais dans un livre d'or qu'il faut chercher les noms de ceux auxquels les feux de théâtres ont coûté la vie.

Nous trouvons quelque chose d'analogue dans un rapport fait en 1872 au Conseil municipal de Paris, dont quelques membres demandaient l'organisation civile pour les pompiers.

Voici le dernier paragraphe du rapport de M. Ohnet, qui fut accepté sans observation :

« Votre rapporteur ne se croit pas le droit d'affirmer des conclusions en vous demandant de les adopter, mais il ne peut se dispenser de vous dire qu'il n'a pas saisi les raisons d'utilité publique qu'il pouvait y avoir à bouleverser un état de choses qui, depuis cinquante ans, n'a amené ni un conflit ni une discussion entre la ville de Paris et l'autorité militaire, et n'a cessé de fonctionner à l'honneur du corps des Sapeurs-Pompiers, qui mérite à tous égards la reconnaissance de la population parisienne (1). »

L'opinion de la Commission eût été d'ailleurs arrêtée, si tant est qu'elle ne le fût pas déjà, par la déposition de M. Chevalier, que nous reproduisons :

« M. Chevalier a été témoin de l'incendie de Montréal, qui a rejeté vingt mille habitants sans asile dans les champs ; il a vu, dans cette circonstance, mettre en activité toutes les ressources dont on dispose dans les colonies anglaises pour combattre les incendies. Des dévouements héroïques, des actes de courage et même d'audace incroyable se sont produits, et cependant tout cela s'est trouvé stérilisé dans une certaine mesure, faute d'une direction méthodique et faute de discipline.

« A Chicago, tout récemment, un incendie a éclaté et a amené les mêmes désastres. M. Chevalier n'était pas, cette fois, sur les lieux ; mais, d'après les récits qui ont été faits, il a pu constater que là, comme à Montréal, les hommes, faute de discipline, s'étaient trouvés impuissants devant l'incendie, malgré les appareils formidables employés et malgré toute l'énergie et tout le dévouement dépensés par la population. De ceci, il est amené à conclure, lui, adversaire

(1) Le colonel Paris écrit encore ailleurs : « Ainsi que nous l'avons dit, et que l'établit la statistique, le service d'incendie de Paris est le seul auquel son organisation militaire et la rigoureuse discipline qui en est la conséquence permettent de s'émietter, pour ainsi dire, sur toute la surface de Paris, afin d'y multiplier la surveillance et de placer toujours le secours le plus près possible du danger.

déclaré du militarisme, que la discipline étant indispensable pour combattre les incendies, l'organisation actuelle, *quoique militaire*, doit être maintenue à Paris, avec d'autant plus de raison qu'elle a donné des résultats comparatifs plus satisfaisants. En effet, les hommes les plus compétents à l'étranger n'ont pas hésité à proclamer hautement la supériorité de l'organisation parisienne des secours contre l'incendie sur l'organisation des autres pays (1).

(1) « Une ville comme Paris, aussi dense et aussi peuplée, où les maisons soudées les unes aux autres, forment une ligne ininterrompue dont les points de contact sont innombrables, une ville où toute industrie s'exerce, où des milliers de becs de gaz et des milliers de foyers ardents sont une cause de dangers perpétuels, exige au point de vue des incendies possibles, une surveillance incessante : pour les prévenir, on est obligé de s'en rapporter aux soins, presque toujours illusoires, de la population la plus insouciante qui existe; pour les combattre, la ville de Paris possède, entretient, exerce un corps spécial dont le dévouement et l'intelligence sont célèbres : c'est celui des *Sapeurs-Pompiers*. Depuis le XVIIIe siècle, ils ont remplacé les Capucins qui jadis étaient chargés d'éteindre les feux, de porter secours aux blessés et de garder les objets enlevés des maisons enflammées. » (MAXIME DU CAMP. — *Paris, ses organes, ses fonctions, sa vie.* Tome VIe *Les auxilliaires*)

1871 - 1885

III

CHEZ LES POMPIERS DE PARIS

C'est en parlant des officiers, sous-officiers et sapeurs du beau régiment des Sapeurs-Pompiers de Paris, que je regrette de n'avoir pas une plume assez éloquente, un style assez émouvant, assez coloré, pour parler de leur gloire, de leur héroïsme, de leur dévouement, de leur instruction, de leur labeur incessant destiné à nous assurer la sécurité dans nos personnes comme dans nos possessions matérielles.

Braves entre les braves, Sapeurs-Pompiers, je vous aime et je vous admire. On ne saura jamais (votre dévouement est si souvent obscur!) tous les actes d'héroïsme, tous les actes de vertu que vous accomplissez dans l'ombre.

On n'élèvera jamais un monument trop beau à votre mémoire, à votre gloire.

Vous le savez bien, n'est-ce pas, qu'on vous aime, et que le peuple de Paris, toujours si enthousiaste quand il s'agit des belles et nobles choses, ne vous marchande pas sa reconnaissance et son admiration.

Nous sommes sur la belle pelouse de Longchamps, c'est jour de Revue. Le joli et coquet bataillon des Saint-Cyriens, la majestueuse Garde républicaine viennent de défiler. Un cri retentit : « Voilà les Pompiers!... » Ils arrivent avec leur allure crâne et décidée. Tout le monde est debout : les hommes les envient, ces braves qui passent; les petits pieds aristocratiques de nos jolies mondaines trépignent d'impatience, leurs mains fines et gantées applaudissent à tout rompre; les jolis mouchoirs de dentelle s'agitent, jetant dans l'air leurs doux parfums de fleurs : « Vivent les pompiers! » *C'est l'ovation mondaine.*

Ils ont passé devant les tribunes, salués de hourras frénétiques.

Tenez, les voilà qui dégagent le terrain au pas gymnastique, ils pénètrent dans le bois. La foule, la *grappe humaine*, qui attend à la lisière, bat des mains, crie : « Bravo, les pompiers! » et embotte le pas avec eux. On les suit, on court pour les voir, on leur jette les épithètes populaires les plus flatteuses. *C'est l'ovation du peuple.*

Le feu a éclaté, les pompiers accourent, la pompe à vapeur arrive faisant entendre le son de sa corne. Tout le monde sort. « Ce sont les pompiers! c'est la pompe à vapeur! » A ces paroles on se précipite, on court dans la direction qu'ils ont prise, on suit leurs mouvements au feu, on les plaint, on les applaudit. Le cœur des spectateurs palpite à la moindre de leurs manœuvres.

Permettez-moi de rappeler un souvenir personnel. Le feu avait éclaté dans une petite gare près de chez moi; un escalier en bois avait pris feu, les flammes s'élevaient à une hauteur prodigieuse, la fumée était asphyxiante.

Une pompe à vapeur était en batterie. La foule assistait à toutes les manœuvres. Tout à coup je vois un remous dans cette foule : des sapeurs transportent dans une pharmacie un des leurs qui a été asphyxié en tenant la lance.

La foule quitte le théâtre de l'incendie pour se précipiter à la suite du blessé. Les abords de la pharmacie sont envahis, on a tout oublié pour le caporal blessé.

— Comment va-t-il?

— Est-ce grave?

— Revient-il à lui?

On n'entend que ces phrases. Puis quand la voiture d'ambulance fut arrivée, la foule compacte, émotionnée, anxieuse, se tint à ses abords. Lorsque le pauvre sapeur, toujours évanoui, la pâleur de la mort sur le visage, fut placé dans la voiture, tout le monde se mit à le plaindre autant que s'il se fût agi d'un grand personnage de la capitale.

Au moment où la voiture fut prête à partir, une femme du peuple qui se trouvait à mes côtés et qui tenait un bébé sur son bras gauche, essuyant de sa main droite de grosses larmes qui coulaient le long de ses joues, se mit à crier :

— Va, mon pauvre enfant, va, mon pauvre petit!

Et elle se mit à lui envoyer un gros baiser.

Ce baiser et ces larmes d'une femme du peuple ne valaient-ils pas une couronne de lauriers pour ce pauvre sapeur?

Où donc est-il le Parisien qui n'aimerait pas le Sapeur-Pompier?

HISTORIQUE DU RÉGIMENT

C'est le 18 septembre 1811 que parut le décret qui créa un *bataillon de Sapeurs-Pompiers* comprenant quatre compagnies avec treize officiers et cinq cent soixante-trois hommes de troupe. Les sapeurs furent armés de fusils pour la première fois. Le bataillon, soumis aux lois militaires, eut aussi pour mission de concourir aux besoins du service de police et de sûreté publique sous les ordres du ministre de l'intérieur et du préfet de police.

Par ce décret, les Sapeurs-Pompiers prenaient rang à la gauche de l'infanterie de ligne.

L'entretien du corps et la solde étaient à la charge de la ville de Paris.

Les officiers étaient nommés par le souverain, et les sous-officiers par le préfet de police.

Le recrutement avait lieu par enrôlement volontaire.

Par une ordonnance du 28 août 1822, l'effectif du bataillon

des Sapeurs-Pompiers fut porté à quatorze officiers et six cent soixante-deux hommes.

En septembre 1824, les médecins-majors du corps furent admis à prendre rang parmi ceux de l'armée.

Un décret du 20 janvier 1832 nomma un sous-lieutenant dans chaque compagnie. Le 11 mai 1833 fut créé l'emploi du sous-lieutenant chargé du recrutement et de l'habillement.

Un peu plus tard, le bataillon fut augmenté de vingt sapeurs payés par la liste civile et destinés à assurer le service des palais royaux.

En 1845, il y avait cinq compagnies comprenant vingt et un officiers et huit cent huit sapeurs et caporaux.

En 1850, le bataillon fut réorganisé : la discipline, le commandement, l'administration appartinrent au ministre de la guerre; les dépenses furent mises à la charge de la ville de Paris, et la préfecture dut diriger le service contre l'incendie.

L'effectif du bataillon fut fixé à cinq compagnies avec vingt-deux officiers et sept cent quatre-vingt-dix-sept sapeurs.

Le capitaine *de la Condamine* fut, par décret du 28 février 1851, nommé *chef d'escadron* commandant le bataillon des Sapeurs-Pompiers de Paris.

En 1855, deux compagnies nouvelles furent décrétées : l'une le 10 février 1855 pour le service de la ville de Paris, l'autre le 17 février pour être transportée à Constantinople et être attachée au service du corps expéditionnaire de la guerre d'Orient.

A la fin de la campagne, cette dernière compagnie fut incorporée dans le bataillon.

Successivement, le corps fut augmenté de nouvelles compagnies.

Un décret du 5 décembre 1866 augmenta le corps de deux compagnies, et, en même temps, les douze compagnies qui résultèrent de cette formation furent divisées en deux bataillons de six compagnies chacun, et réunis sous la dénomination de *Régiment des Sapeurs-Pompiers de Paris.*

Quelque temps après, le maréchal Canrobert, sur l'esplanade des Invalides, remettait solennellement le drapeau au régiment des Sapeurs-Pompiers.

En 1878, les charges considérables qui pesaient sur le corps des Sapeurs-Pompiers s'étant accrues en raison de la création de nouveaux services (emploi de pompes à vapeur, dévidoirs, installations télégraphiques spéciales), la Préfecture de police fut amenée à demander un supplément d'effectif au Conseil municipal, qui après examen de la question accorda les crédits nécessaires (délibération du 30 juillet 1878). Un décret du Président de la République sanctionna ce vote. et le personnel du régiment fut augmenté alors de cent quatre-vingt-douze hommes (douze sergents et cent quatre-vingts sapeurs). Depuis, trois nouveaux emplois de sous-officiers ont encore été créés.

LOIS, DÉCRETS ET DÉCISIONS MINISTÉRIELLES

Relatifs au régiment des Sapeurs-Pompiers de Paris de 1871 à 1886.

Le 25 juillet 1871, le *Journal militaire officiel* publiait un arrêté portant que les lieutenants du régiment des Sapeurs-Pompiers de la ville de Paris qui seront promus au grade de capitaine, passeront, le même jour, dans un corps d'infanterie, par permutation avec un capitaine proposé pour un emploi de ce grade dans les Sapeurs-Pompiers de Paris. (Voir tome XIII, 311.)

LOI DU 13 MARS 1871

« Loi relative à la constitution des cadres et effectifs de l'armée active et de l'armée territoriale portant que les Sapeurs-Pompiers de la ville de Paris constituent un régiment d'infanterie dont la composition est réglée par le tableau nº [illegible] de la série A, annexé à la loi du 13 mars 1871. Cette composition peut être modifiée, de concert avec la ville de Paris et suivant les besoins du service, par décret du Président de la République. » (*Journal militaire*, 1,75,300, art. 33.)

13 MARS 1875

« La solde et l'entretien du régiment des Sapeurs-Pompiers de la ville de Paris sont entièrement à la charge de la ville de Paris; mais les officiers, sous-officiers et soldats font partie intégrante de l'arme de l'infanterie. » (*Journal militaire*, 1,75,326.)

29 MARS 1875

« Décision ministérielle portant que le régiment des Sapeurs-Pompiers de la ville de Paris restera constitué à deux bataillons, à six compagnies, et conservera tous ses cadres (actuels). » (*Journal militaire*, 1,75,310. P. suppl.)

20 JUILLET 1878

« Rapport au Président de la République française sur la nécessité d'augmenter l'effectif du régiment des Sapeurs-Pompiers de Paris. » (*Journal militaire*, 2,78,113.)

2 OCTOBRE 1879

Circulaire de M. le Ministre de la guerre à M. le Gouverneur militaire de Paris.

Extrait des recommandations particulières pour l'affectation des jeunes soldats aux diverses armes.

. . . .

« Pour le régiment des Sapeurs-Pompiers de la ville de Paris, les hommes doivent savoir lire et écrire couramment, et être couvreurs, plombiers, charpentiers, fumistes, mécaniciens, ou avoir l'instruction nécessaire pour remplir les emplois de comptable.

» Les commandants des bureaux de recrutement s'assureront, par eux-mêmes, de l'instruction des hommes affectés à ce corps. » (*Journal militaire*, partie supplémentaire, 1879, 2, page 412.)

EMPLOI DE LA JOURNÉE DANS UNE CASERNE

Lorsqu'on étudie les faits et gestes des Sapeurs-Pompiers, il faut surtout faire la remarque que le régiment des Sapeurs-Pompiers *est un régiment d'infanterie* qui, outre ses manœuvres d'infanterie, *fait le service spécial de pompiers.*

Je vais d'ailleurs, à ce sujet, décrire l'emploi d'une journée dans une caserne :

A six heures du matin sonne le *réveil.* Les sapeurs font rapidement leur toilette, ils vont se laver aux lavabos avoisinant les chambres.

Les sapeurs ne font pas leurs lits au lever, ils se contentent de les *plier*, de manière qu'ils puissent s'aérer.

A six heures et quart a lieu le *premier déjeuner* au réfectoire. Ce déjeuner se compose de café noir, dans lequel les sapeurs peuvent, s'il le veulent, tremper un morceau de pain. Je dirai, à cette occasion, que chaque caserne a un boulanger de quartier choisi par le capitaine, qui peut le changer à son gré si le pain fourni venait à être de mauvaise qualité.

De sept heures du matin à neuf heures, s'effectuent :

1° Les *exercices* comprenant : les manœuvres de pompes, d'*échelles de sauvetage,* d'*appareils à feu de cave* et de *ventilateurs* (ces derniers appareils sont destinés à renouveler l'air de la cave) ; de *pompes à divers systèmes* (la manœuvre d'épuisement de la pompe n'a lieu qu'une fois par semaine).

2° Les *exercices de gymnastique.*

3° Les *théories diverses sur les incendies* de toute nature. (Il est évident que pour chaque nature de feu, il y a une manière spéciale de l'attaquer.)

4° Les *théories sur les moyens de secours dans les théâtres,* sur les *constructions diverses* (constructions en fer, maçonnées, maisons en pans de bois), sur les divers secours à donner aux noyés, aux asphyxiés, aux pendus, etc., sur les

CLAIRON

lampes Fumat et Trouvé. (La lampe électrique Fumat est la lampe Davy des mineurs perfectionnée.)

Les sapeurs sont aussi exercés le matin à la manœuvre des différents engins de sauvetage; ils apprennent à se servir des bouches d'eau et à embrancher des demi-garnitures sur une même bouche.

A neuf heures, les sapeurs montent dans leurs chambres pour faire leur lit, et se préparer pour la garde. (De sept à neuf heures leurs lits ont pu s'aérer, ce qui montre que l'hygiène, si utile pour la santé du corps, n'est pas négligée dans les casernes de Sapeurs-Pompiers.)

A neuf heures et quart, on sert le second *déjeuner*, composé d'une soupe aux légumes, d'un plat de viande et d'un quart de vin (0,25 centilitres). Ce quart de vin n'est pas donné le dimanche et parfois le lundi, à moins qu'il n'y ait un boni élevé.)

A dix heures, a lieu le *défilé de la garde* avec l'*appel des morts au feu* et celui des hommes présents sur les rangs (c'est la parade comme dans les autres régiments). L'*officier de garde* fait les *fonctions d'adjudant-major* et inspecte les hommes.

Après dix heures, il n'y a plus à la caserne que les *hommes du piquet*, pour aller au feu en cas de besoin; les autres sont en route pour aller dans les postes ou pour en revenir. Les hommes qui descendent la garde mangent à onze heures ou onze heures et demie, car on ne leur porte pas à déjeuner.

De midi à deux heures, se font des exercices de gymnastique, la manœuvre des grandes échelles de *sauvetage* (on simule des exercices de sauvetage par les fenêtres et dans les puits). Ces exercices de gymnastique sont, à peu de chose près, les mêmes que dans les régiments d'infanterie; mais les sapeurs arrivent à les perfectionner. On habitue les hommes à se raccrocher à un agrès dans une chute, à sauter d'une grande hauteur, à monter et à descendre dans des endroits difficiles, aspérités de murailles, corniches, etc., à se tenir au-dessus du vide, etc.

A deux heures on sonne le ***rappel à la compagnie*** pour lecture du rapport des punitions, observations et recommandations du capitaine. On commande le ***service des théâtres*** et le ***service de dîner*** (les hommes qui sont commandés pour aller porter le repas du soir à leurs camarades dans les postes de ville).

Ensuite a lieu la ***manœuvre d'engins d'incendie*** par le piquet.

Le premier samedi de chaque mois, après lecture du rapport, on fait une ***théorie*** sur les marques de respect, maisons défendues, code pénal, tenue, etc.

A quatre heures et quart, on porte le dîner aux hommes de service en ville.

A cinq heures, on distribue la ***soupe*** aux hommes présents. Ce repas comprend un rôti de bœuf, de mouton, de veau ou de porc, avec des légumes. Ces deux plats sont variés tous les jours.

De sept heures à sept heures et demie, se fait le départ des divers détachements de représentation pour les théâtres.

A neuf heures, on sonne l'*appel*. Et cela recommence de même le lendemain.

Le ***repos du dimanche*** est simplement composé de la suppression de la manœuvre.

Les lundi et mardi ont lieu les baignades, si utiles au point de vue de l'hygiène. Quand la caserne n'est pas trop éloignée de la Seine pendant l'été, c'est à la Seine qu'on conduit les sapeurs; dans le cas contraire, on les conduit à une piscine voisine.

Du reste, dans chaque caserne, il y a une salle de bains avec baignoires et appareils à douches.

LE LABEUR DES SAPEURS-POMPIERS

Une chose dont on se rend difficilement compte, si l'on n'a pas vu les sapeurs à l'œuvre, c'est la somme considérable de travail qu'ils exécutent. On vient de lire l'emploi d'une journée dans une caserne, et on a pu faire la remarque du peu de loisirs laissés aux sapeurs.

Les sapeurs qui avaient des exercices la veille, les recommencent le lendemain. Puis, il y a le service du télégraphe à apprendre; il y a le service de grand'garde dans les théâtres où les sapeurs passent vingt-quatre heures; il y a les incendies, il y a les postes où il faut souvent passer deux jours entiers; sur une semaine, le pauvre sapeur a peut-être une demi-journée libre. Et au bout du mois, comme paye, il ne lui reste pas même *quinze francs!*

LES CASERNES DES SAPEURS-POMPIERS

Les anciennes *casernes de Sapeurs-Pompiers* étaient défectueuses sous tous les rapports. La première qui a été bâtie en vue d'une destination spéciale est la *caserne de Château-Landon* (1), rue Philippe-de-Girard, qui est très belle et très haute, et sur le modèle de laquelle ont été construites les casernes qui ont été élevées ces dernières années.

Je vais donner une description détaillée de ces nouvelles casernes.

Les nouvelles *casernes de Sapeurs-Pompiers*, qui viennent d'être élevées dans ces dernières années, ont été construites avec grande intelligence.

Elles sont toutes situées en bordure de *larges voies*, ce qui permet aux départs des détachements d'incendie et des pompes à vapeur de pouvoir déboucher avec une grande rapidité sans être gênés par des encombrements qui apportent

(1) Grâce à un ordre émanant de M. le *colonel Couston*, nous avons pu visiter cette caserne en détail en 1887. Je tiens à remercier ici tout particulièrement les anciens officiers de cette caserne M. le *capitaine Salel* et M. le *lieutenant Draullette*, qui ont bien voulu alors nous guider partout, faire exécuter toutes les manœuvres sous nos yeux et nous donner tous les renseignements qui nous étaient utiles. Depuis nous avons visité d'autres casernes à Grenelle, au Trocadéro, etc., et nous ne pouvons qu'en faire des éloges dans ce livre.

toujours des retards préjudiciables et le plus souvent désastreux.

Les paliers sont spacieux et les escaliers très larges, car les sapeurs, à la sonnerie du feu, se précipitent plutôt qu'ils ne descendent.

La cour de la caserne est très grande, afin de pouvoir faire librement les manœuvres.

Elle est pavée, les cailloux et le sable détériorant rapidement le matériel.

Le gymnase se trouve dans un grand hangar, couvert, afin que la pluie, le mauvais temps ou un soleil accablant n'interrompent jamais les excercices.

Il y a un puits dans la caserne, ou bien une bouche d'égout, qui servent à apprendre aux sapeurs à faire des exercices de sauvetage. On sait, quand une personne est tombée dans un puits, que c'est encore au dévouement des Sapeurs-Pompiers que l'on a recours.

Dans la caserne, il y a une *cheminée-séchoir*, qui doit avoir au moins 22 mètres de hauteur. Elle est destinée à sécher les tuyaux de pompe à vapeur qui ont été mouillés dans une manœuvre.

Le *réfectoire* se compose de tables pouvant servir chacune à seize sapeurs. Sur les murs du réfectoire est suspendue une *grande carte* figurant la partie du plan de la ville de Paris qui est comprise dans le *périmètre* attribué à la caserne; de cette sorte, tout en mangeant, le sapeur, ayant constamment cette carte sous les yeux, se la grave dans sa mémoire et complète son instruction.

Les *écuries* sont construites de manière à être le plus sèches possible et à pouvoir être chauffées pendant l'hiver. Les chevaux qui sont toujours *garnis* (c'est-à-dire tout harnachés) y sont placés de chaque côté de la voiture qu'ils doivent traîner.

Le cocher a son lit par-dessus cette voiture. L'*équipe* de la pompe à vapeur se trouve au premier étage.

La chambre de cette équipe communique avec l'écurie au

moyen d'un trou rond au milieu duquel se trouve une sorte de mât le long duquel les sapeurs se laissent glisser à l'appel de la sonnerie du feu. De la sorte, on évite la perte de temps qui résulterait pour l'équipe à descendre les escaliers, et en un quart de minute les hommes se trouvent auprès du matériel. Les becs de gaz sont allumés toute la nuit.

Un *pavillon spécial*, avec remise et écurie, dont les portes

LA POMPE A VAPEUR

donnent directement sur la rue, est affecté à la pompe à vapeur. A la sonnerie du feu, elle peut partir immédiatement ; grâce à un système ingénieux, en même temps qu'on attelle les chevaux à la pompe, les portes s'ouvrent toutes grandes sur la rue.

On exerce les sapeurs aux feux de sous-sols avec un caveau appelé *cave à fumée*, dans lequel on fait brûler des copeaux et de la paille. Les sapeurs sont obligés d'y rester 1, 2, 3 ou 4 minutes, selon qu'ils y sont plus ou moins bien habitués, et doivent rapporter des objets qui se trouvent dans le caveau. On les habitue, de la sorte, à rester et à travailler au milieu de la fumée.

Le même caveau sert aussi pour les exercices avec l'appareil à feux de caves.

Chaque caserne possède deux bureaux télégraphiques, un pour le service et un autre pour l'instruction des sapeurs, qui doivent être tous indistinctement instruits au maniement des appareils.

Les douze compagnies qui le composent sont logées dans onze casernes, qui sont disséminées sur la surface de Paris, et qui ont chacune un *périmètre* ou portion de cette surface placée plus directement sous leur protection.

La douzième caserne est actuellement en voie de construction, et est située boulevard de Port-Royal.

LE MATÉRIEL

Grâce à l'organisation actuelle du système de secours contre l'incendie, *la ville de Paris est la ville du monde la mieux protégée contre le feu*. Cette efficacité de la protection est due à la fois à son matériel excellent, à ses nombreuses bouches d'incendie, et aussi, il faut le dire bien haut, au grand sentiment du devoir que donnent l'organisation complètement militaire du service d'incendie et la rigoureuse discipline qui règne dans le beau régiment des Sapeurs-Pompiers.

Les dévidoirs.

Il y a deux sortes de *dévidoirs:*

1° Les *dévidoirs des pompes à vapeur*, appareils traînés par deux chevaux et portant une *bobine* sur laquelle s'enroulent 200 mètres de tuyaux formant cinq *demi-garnitures* terminées chacune par une pièce en cuivre, dite *raccord Keyser*.

Les *dévidoirs de postes*, traînés par les Sapeurs-Pompiers (ou transportés, pour ceux qui sont dans les casernes, sur les voitures dites *départs attelés*), portent une bobine sur laquelle s'enroulent 120 mètres de tuyaux, soit trois demi-garnitures semblables à celles ci-dessus indiquées.

Les dévidoirs offrent un très grand avantage sur les pompes à bras. Ils permettent, en premier lieu, d'arriver beaucoup plus vite sur le lieu du sinistre, car ils ne pèsent que le tiers du poids des pompes ordinaires.

En second lieu, trois hommes suffisent à les manœuvrer, tandis que le nombre d'hommes nécessaire pour faire manœuvrer les pompes à bras est toujours assez considérable, surtout quand il s'agit de faire la chaîne, que les dévidoirs suppriment si heureusement.

Le sac de sauvetage.

Le *sac de sauvetage* est un long tube en toile, dont l'un des bouts est fixé par une traverse au bas de la fenêtre, tandis que l'autre bout est maintenu à certaine distance de la maison par plusieurs Sapeurs-Pompiers, de manière à lui donner une certaine inclinaison. Le sac de sauvetage est destiné principalement aux femmes aux enfants et aux paralytiques.

La ceinture de sauvetage.

La *ceinture de sauvetage* est à peu de chose près semblable à la ceinture de gymnastique. Elle est munie d'un anneau très solidement cousu, dans lequel est passée la corde destinée à la manœuvre.

Les sapeurs doivent savoir faire diverses espèces de nœuds avec la même corde; ces nœuds différents sont appropriés aux différents sauvetages. C'est ainsi qu'il y a le nœud d'amarre employé pour le sauvetage des personnes évanouies, le nœud de chaise pour le sauvetage des autres personnes.

L'appareil à feux de caves.

L'*appareil à feux de caves*, qui rend de grands services quand il s'agit de pénétrer dans un sous-sol enflammé et rempli de fumée, se compose d'une espèce de blouse à capuchon qui enveloppe le sapeur de la taille à la tête. Des courroies serrées aux poignets et à la ceinture interceptent l'entrée de l'air chaud et de la fumée. A la partie postérieure du corps de l'appareil s'adapte un tuyau en caoutchouc, qui correspond à une pompe qui projette de l'air dans l'appareil. Au-devant de la figure se trouve une espèce de lucarne vitrée qui permet de distinguer les objets et de reconnaître la place du foyer de l'incendie. Un soufflet à soupape, qui se trouve au-dessous du masque, sert à donner les signaux.

Ventilateur.

Cet appareil est destiné à envoyer, à l'aide d'un tuyau en toile, de l'air pur dans les endroits où se dégagent des gaz délétères.

Nouveau matériel.

Le matériel de sauvetage s'est augmenté dans ces dernières années de toiles de sauvetage mises en exercice dans les casernes, et d'une voiture d'ambulance qui est à l'état-major. Cette voiture se rend sur le lieu d'incendie aussitôt que l'avis d'un accident a été télégraphié au colonel.

Il existe aussi une *voiture d'école des cochers.*

LES ATELIERS

Les ateliers renferment comme matériel : un moteur à gaz (quatre chevaux) et ses transmissions, trois forges, un ventilateur, un tour à bois, une scie circulaire, une machine à cintrer, une machine à chausser les tuyaux, une machine à refouler, un étau à limer, un tour à métaux, deux machines à percer.

Tous les objets appartenant au corps des Sapeurs-Pompiers de Paris ont été peints en *couleur rouge vermeil.*

Réparation du matériel.

Chaque fois qu'un appareil quelconque (que ce soit une pompe qui n'aurait été mise en manœuvre au feu que quelques minutes, que ce soient des échelles, cordages, etc.) a été employé, il est immédiatement transporté dans les ateliers de l'état-major pour y être échangé. Un autre appareil est immédiatement sorti du magasin et remplace celui qui a été apporté.

Il est évident, avec cette manière d'opérer, que les appareils et les engins doivent toujours être en état de servir, de fonctionner, dans une manœuvre ou dans un incendie.

Surveillance.

Les mécaniciens de pompes à vapeur doivent, au com mencement de chaque mois, inspecter et éprouver toutes les bouches d'eau de leur circonscription.

Dans tous les bâtiments de la ville et de l'État où il y a un poste de Sapeurs-Pompiers, des rondes doivent être faites au compteur pendant la nuit par les sapeurs de garde.

Sous la direction du capitaine ingénieur, un sergent des Sapeurs-Pompiers est tout spécialement chargé de la surveillance de tout ce qui est relatif à la canalisation de l'eau et du gaz dans les théâtres.

LES BOUCHES D'INCENDIE

Les *bouches d'incendie* sont destinées: 1° à alimenter les pompes à vapeur ; 2° à remplacer le système si mauvais des chaînes, 3° à permettre de se servir du petit dévidoir à la place des pompes à bras toutes les fois que la bouche d'eau a une pression suffisante.

Je dois dire que, grâce à un système spécial, l'eau de la bouche n'arrive pas jusqu'au ras du sol l'hiver afin d'empêcher qu'elle ne gèle. On comprend facilement les conséquences désastreuses de la gelée; ce serait une perte de temps considérable, et dans un incendie les minutes valent des siècles.

Ces bouches d'incendie de 100 millimètres de diamètre dont la création remonte à l'année 1872, sont placées sur la voie publique, sous des plaques et à distance les unes des autres de 100 mètres :

A partir du 1er janvier de cette année (1892), le nombre des bouches d'eau existant était de :

1° Bouches d'incendie sur la voie publique	4.607
2° Bouches d'eau dans les immeubles de la ville ou de l'État	128
3° Bouches d'eau dans les immeubles particuliers	49
Total	4.784

Ces bouches sont branchées sur des colonnes de distribution des eaux en pression (Seine, Marne, Vanne et Dhuys). Cette pression varie de 1 à 6 atmosphères suivant l'altitude des réservoirs de distribution.

Dans le plus grand nombre de ces branches, la pression de l'eau est suffisante pour pouvoir se passer de l'emploi des pompes.

Comme on le voit, un certain nombre de bouches d'incendie ont été placées dans les immeubles de la ville, de l'État ou des particuliers, ce qui permet souvent d'éteindre rapidement sur place des incendies à leur début, et d'éviter ainsi de grands feux.

LES CARTES

Dans toute caserne, dans tout poste, il existe des cartes

comprenant le périmètre affecté à la caserne. Sur ces cartes sont indiquées toutes les bouches d'incendie.

Tout officier possède une carte semblable, et il s'en trouve une sur chaque voiture attelée qui part de la caserne ou du poste de pompe à vapeur.

LE PERSONNEL

Le régiment de Sapeurs-Pompiers est formé de deux bataillons composés de six compagnies chacun.

Son *état-major* comprend :

Un colonel, un lieutenant-colonel (1), un major ingénieur, un capitaine ingénieur, un capitaine instructeur, un capitaine d'armement, deux capitaines adjudants-majors, un capitaine trésorier, un médecin-major de 1re classe, un médecin-major de 2e classe, un médecin aide-major de 1re classe, un médecin aide-major de 2e classe.

Chaque bataillon possède à sa tête un chef de bataillon.

Chaque *compagnie* comprend :

Un capitaine, un lieutenant, un sous-lieutenant.

Les *ateliers* comprennent :

Un sous-officier comme chef, un caporal comme sous-chef, et vingt sapeurs comme ouvriers.

Le service actif, d'après ces données, se récapitule de la façon suivante :

Cinquante et un officiers.

Deux cent vingt sous-officiers.

Mille six cents caporaux et sapeurs-pompiers.

Soit, en tout, un effectif de mille huit cent vingt hommes (2).

(1) Le lieutenant-colonel joint, à toutes les attributions de son collègue de l'infanterie, la haute direction de l'instruction professionnelle des officiers et sous-officiers, et la responsabilité, comme réception, construction, entretien, réforme et amélioration du matériel d'incendie. Il doit se rendre à tous les sinistres graves et y prendre le commandement.

(2) L'État-major du régiment est installé au n° 9 du boulevard du Palais; les douze compagnies sont logées dans douze casernes disséminées sur la

Sauf pour les machines à vapeur (mécaniciens), il n'y a pas de sapeurs spéciaux à une manœuvre. Ceci est une véritable supériorité, car, de la sorte, on peut trouver réunis dans un simple détachement de cinquante hommes, par exemple, qui reste à la caserne, tous les éléments de sauvetage de personnes et de choses, de pratique des différentes manœuvres, dont l'exercice journalier constitue une véritable instruction professionnelle. Sauf pour le travail mécanique des pompes à vapeur, le sapeur doit savoir faire tout ce qui concerne son métier de Sapeur-Pompier, tout sans exception.

Dans la tenue de feu, les officiers ne portent pas le sabre; ils ont un poignard de la grandeur d'un couteau de chasse attaché par un ceinturon. Cela se comprend d'ailleurs; le sabre réglementaire serait embarrassant, incommodant. Cette petite épée est alors l'insigne du commandement

On a remplacé le casque de l'ancien système, qui forçait souvent le pompier à se baisser, principalement dans les théâtres, où les poutres, les cordes sont nombreuses.

Avec le casque nouveau système, beaucoup plus bas de forme et partant déjà un peu plus léger, tous ces inconvénients ne sont plus à redouter. C'est un réel progrès qui s'est accompli.

RECRUTEMENT

Un tiers de l'effectif des Sapeurs-Pompiers est recruté par engagements volontaires. Dans ce tiers sont compris les cochers destinés à conduire les voitures d'incendie (1).

Les deux autres tiers sont formés par des militaires en

surface de Paris et destinées chacune à sauvegarder une partie de cette surface placée plus directement sous leur protection.

(1) Ces cochers sont recrutés parmi les cochers de Paris.

activité de service dans les régiments d'infanterie et dans le génie. Chaque année, à l'époque de l'inspection, quatre hommes par régiment et deux par bataillon formant corps sont proposés pour les Sapeurs-Pompiers. Ces hommes

APRÈS LE FEU

doivent réunir les conditions suivantes : Avoir trois mois de présence et trois ans et demi de service à faire, conduite éprouvée; être exempts d'infirmités et avoir une constitution robuste et propre aux exercices violents de gymnastique; savoir bien écrire et compter.

SOLDES, SUPPLÉMENTS ET INDEMNITÉS

Voici le tableau de la solde, de l'adjudant au simple sapeur :

Ajudant.	5.57
Sergent-major.	3.37
Sergent ou fourrier	2,50
Caporal de 1re classe (sur trente-deux caporaux dont se compose une compagnie, il y en a douze de 1re classe)	1,71
Caporal de 2e classe.	1,51
Sapeur de 1re classe	1,44
Sapeur de 2e classe.	1,34
Clairons (il y a trois clairons par compagnie).	1,49

Services payés des théâtres. — Indemnités accordées.

Sous-officiers	0,70 par jour.
Caporaux	0,46 —
Sapeurs et clairons	0,43 —

Les sapeurs versent 0,88 centimes à l'ordinaire.

Les sous-officiers garçons sont nourris à la cantine en versant au cantinier 1 fr. 50 par jour (les sous-officiers mariés se nourrissent naturellement chez eux).

Chaque fois que les sapeurs reviennent du feu fatigués, mouillés ou par un grand froid, ils reçoivent un quart (0,25 centilitres) de vin chaud.

Quelle que soit l'heure de la rentrée, le cantinier est réveillé pour le préparer.

Les sapeurs qui reviennent du feu et qui ont eu des effets détériorés, dégradés, les font voir au sergent de semaine ou à l'officier de garde avant leur rentrée dans leurs chambrées.

LES DIVERS POSTES DES SAPEURS-POMPIERS

Postes de pompe à vapeur.

Les *postes de pompe à vapeur* sont composés de :

Un sergent mécanicien ;

Un caporal mécanicien adjoint ;

Deux sapeurs chauffeurs ;

Un sapeur chauffeur auxiliaire ;

Deux cochers.

(Dans certaines équipes il y a trois cochers, dont un cocher supplémentaire pour le camion de corvée);

Deux porte-lances et un télégraphiste.

Les pompes à vapeur sont toujours prêtes à fonctionner. Un appareil chauffé par le gaz entretient constamment de l'eau bouillante. Le feu étant préparé, le chauffeur, au signal du départ, n'a qu'à allumer un chiffon remplis d'essence, au bout d'un bâton, à un bec de gaz, et à l'approcher du foyer. En quelques secondes, la machine se trouve de la sorte allumée. C'est ce qui explique cette fumée si considérable, à l'aspect fantastique, qui étonne toujours les Parisiens et leur fait emboîter le pas.

Autrefois, la traction des pompes à vapeur et des dévidoirs était assurée au moyen d'un contrat passé avec la Compagnie des omnibus, qui devait tenir constamment prêts des conducteurs et des chevaux dans le dépôt de la Compagnie le plus voisin de la remise de la pompe à vapeur, qui était reliée télégraphiquement à ce dépôt. Ce système était très mauvais, surtout au point de vue de la célérité du service ; ce qui causait des retards considérables (1).

Aujourd'hui, les chevaux sont en permanence, harnachés et équipés, dans une écurie près de la pompe. En moins d'une

(1) Voir le chapitre consacré au *Printemps*.

minute, grâce à ce système, la pompe et ses dévidoirs sont prêts à partir au feu.

Actuellement, il y a seize pompes à vapeur, dont quatre de réserve ; les douze en service sont celles de :

Rue de Rennes, 90 ;

Rue des Réservoirs, 9 (Trocadéro) ;

Boulevard de Port-Royal, 53 ;

Place Denfert, 4 ;

Place du Marché Saint-Honoré ;

Rue des Entrepreneurs, 78 (Grenelle) ;

Avenue Parmentier, 87 ;

Rue Jeanne d'Arc, 68 ;

Rue Philippe-de-Girard, 12 (Landon) ;

Quai des Orfèvres, 14 (Sainte-Chapelle) ;

Rue de Chaligny, 26 ;

Rue de Provence, 11.

Le *matériel des postes de pompe à vapeur* comprend :

Une pompe à vapeur et son fourgon transportant 720 mètres de gros tuyaux sur une bobine fixe, et, sur un dévidoir à bobine, 120 mètres de petits tuyaux avec un matériel de sauvetage.

Postes de ville et postes-vigies.

En dehors des postes de pompe à vapeur, il y a trois natures de *postes de ville* :

1° Le *poste de ville*, composé de :

Un caporal, trois sapeurs (dont un sapeur stationnaire télégraphiste).

Ce poste est muni de plusieurs dévidoirs à bras contenant chacun 120 mètres de gros tuyaux et 40 mètres de petits, que les sapeurs branchent directement sur les bouches de ville au moyen de raccords spéciaux.

2° Le *poste-vigie*, composé de deux hommes, un caporal et un sapeur.

Ce poste est aussi muni d'un dévidoir.

Les postes-vigies sont toujours situés dans les endroits où il y a beaucoup de bouches d'eau;

3° Le *poste-vigie*, composé d'un seul homme et muni d'un dévidoir (1).

Il a été créé en 1885, dans le bassin de la Villette, un *poste de sauvetage* armé d'une *pompe d'épuisement*, système Keyser, pour les bateaux en péril; huit postes situés dans les quartiers élevés de Paris où la pression de l'eau est insuffisante, sont, en outre, armés de pompes à bras destinées à relever la pression.

On compte actuellement cent vingt-trois postes de ville.

LE SERVICE TÉLÉGRAPHIQUE

C'est le 1er septembre 1871 que l'on a commencé le premier réseau télégraphique. Il faut retenir cette date, qui marque un des plus grands progrès réalisés dans les secours d'incendie. En effet, existe-t-il une chose plus précieuse que celle de gagner du temps quand il s'agit du feu, quand quelques minutes peuvent être la cause de la mort de plusieurs personnes ou de la ruine de nombreuses familles ?

Tous les postes (postes à pompes, postes à dévidoirs, postes de pompe à vapeur) sont reliés avec la caserne de laquelle ils dépendent (2).

A leur tour, toutes les casernes sont reliées avec le bureau télégraphique du colonel, qui communique lui-même avec la préfecture de police, la préfecture de la Seine, l'assis-

(1) Les sapeurs qui sont dans les postes-vigies doivent être de très bons télégraphistes; ils touchent d'ailleurs une petite indemnité (0 fr. 25 par garde).

(2) Actuellement le réseau télégraphique d'incendie compte 410,497 mètres de fils pour deux cent deux appareils d'appel, desservis exclusivement par les sapeurs du régiment.

tance publique, l'administration du télégraphe et l'administration des eaux.

De cette façon, l'état-major est informé de tout, du plus petit sinistre comme du plus grand, même du simple dérangement d'un poste dont les secours n'auraient plus été nécessaires à son arrivée.

Depuis environ quatre ans des gares de chemin de fer, de grands établissements industriels, des usines se sont fait relier par un *avertisseur télégraphique* avec la caserne ou le poste de pompe à vapeur le plus voisin. Le système d'avertisseur employé ne comporte d'ailleurs d'autre communication que les signaux d'incendie ou les demandes de secours. Tous les matins, ces avertisseurs sont essayés et mettent en communication le poste et la caserne, de manière à être certain que rien ne s'oppose à leur fonctionnement, ce qui est une sécurité de plus.

Une *horloge télégraphique* à laquelle est joint un *avertisseur* donne l'heure de l'état-major. Chaque fois qu'un poste ou l'état-major prévient une caserne qu'il va télégraphier (*sonnerie d'avertissement*), une pointe d'acier perce dans une bande de papier (que l'horloge déroule constamment) un petit trou en face de l'heure que l'horloge marque aussi sur la bande. Tout télégramme envoyé doit être inscrit sur le registre *ad hoc* par le télégraphiste, qui s'exposerait à être puni par l'officier chargé du réseau (le lieutenant ou le sous-lieutenant de la caserne) si une dépêche correspondant à l'heure pointée par l'avertisseur n'était pas insérée au registre.

Il y a cent seize avertisseurs publics reliés au moyen de 103,188 mètres de fils. Cent quatre vingt-six avertisseurs particuliers sont, en outre, desservis par 176,380 mètres de fils.

L'état-major du régiment est relié par ce réseau aux dix postes de pompe à vapeur, aux douze casernes et aux cent vingt-trois petits postes de secours.

Une cinquantaine d'établissements de la ville ou privés

sont reliés aux postes voisins ou aux casernes par ces appareils.

Il en est de même des théâtres.

L'état-major du régiment est relié aussi au réseau télégraphique public. L'entretien des différents appareils, ainsi que des lignes, est confié à l'administration des lignes télégraphiques de l'État.

En 1891, il a été mis en service quatre avertisseurs téléphoniques publics.

Boites d'alarme de rue.

Paris a été doté en 1885 et 1886 d'*avertisseurs publics* d'incendie, dits *boites d'alarme de rue*.

Ces boites, *système G. Petit*, sont construites par Bréguet.

Ce sont de petites boites peintes en vermillon et fixées au mur; une glace se trouve au-dessus d'un bouton. Dans le cas d'appel d'incendie, il faut casser le verre et appuyer sur le bouton. Quand la sonnerie cesse, les pompiers se mettent en marche; il faut ou les attendre près de la boite ou aller au-devant d'eux par le chemin qui se trouve indiqué sur la boite.

Ce sont les Sapeurs-Pompiers exclusivement, dits *sapeurs télégraphistes*, qui utilisent ce service télégraphique.

Des *horloges électriques enregistreuses* sont en service dans les casernes. Elles servent de contrôle. Elles indiquent le moment précis où une dépêche est arrivée. Le caporal ou le sapeur télégraphiste a ainsi un service contrôlé.

Le personnel et le matériel de chaque caserne de Sapeurs-Pompiers doivent venir en aide aux petits postes quand ceux-ci demandent des secours, aux habitants lorsqu'un feu se déclare près de la caserne, et aux casernes voisines qui ont besoin de renforts dans un grand incendie.

AU FEU !

La porte du poste s'ouvre, on dit : « Il y a feu dans telle rue, tel numéro. » Le caporal et les deux sapeurs servants sautent sur leurs casques, prennent leur pompe et la roulent au pas de gymnastique vers l'endroit du sinistre désigné. Pendant ce temps, le sapeur télégraphiste saute à sa table et transmet le signal à la caserne; puis il s'élance à la suite de ses camarades.

SAPEUR-TÉLÉGRAPHISTE ALLANT RECONNAÎTRE UN FEU

Le caporal, qui a déjà fait sa reconnaissance, dit au télégraphiste quand il arrive :

« Petit feu. Je m'en charge. »

Ou :

« Feu inquiétant ou grand feu, demandez du renfort. »

Le télégraphiste reprend sa course vers le poste, et une minute après son retour dans le cas où il demande du renfort, un départ complet de la caserne se met en route.

Arrivé de toute la vitesse des chevaux sur le lieu de l'incendie, l'officier qui commande ce départ, tout en mettant ses engins en manœuvre, rend compte télégraphiquement au colonel de l'importance du sinistre, et demande du renfort, s'il le juge nécessaire.

Le colonel ou le lieutenant-colonel, le chef de bataillon de semaine, le capitaine ingénieur se rendent sur le lieu des grands incendies.

Si l'on annonce *le feu à un poste-vigie*, le sapeur télégraphiste se met à l'appareil et le signale immédiatement, avec l'adresse la plus précise, au poste le plus voisin; puis il se rend à toute vitesse sur le lieu de l'incendie, pour faire sa reconnaissance, sauver des personnes s'il y a lieu, ou commencer l'attaque du feu. Pendant ce temps, les sapeurs du poste appelé par la sonnerie électrique partent le plus rapidement possible. Après la *reconnaissance* du caporal du poste, le télégraphiste va au poste-vigie et télégraphie à la caserne pour renseigner l'officier de garde et lui demander du secours ou lui dire qu'un secours n'est pas nécessaire.

Dans chaque caserne, il y a un bureau télégraphique où se tient en permanence un caporal télégraphiste, qui couche dans un lit placé à côté de l'appareil. (A côté de ce bureau, il en existe un second où se donne l'instruction, l'enseignement de la manœuvre du télégraphe, tous les sapeurs devant savoir manier l'appareil télégraphique.)

Quand ce caporal a reçu l'avis d'une demande de secours, il presse le bouton d'un appareil qui sonne l'alarme dans toutes les chambres. De toutes parts, les sapeurs se précipitent; ceux qui sont au premier étage se laissent glisser le long du mât; les autres descendent en courant, et chose prodigieuse, *en une demi-minute* tout ce monde est à son poste dans la cour, les voitures de premier départ sont attelées, les sapeurs sont assis dessus, tout est prêt à partir, la machine à vapeur, elle aussi, est prête à partir, et les portes sont ouvertes. L'officier n'a qu'à donner l'ordre du départ, et tout s'ébranle.

Si l'officier de garde aperçoit une lueur indiquant un incendie, il fait de suite sonner au feu et se tient prêt à partir; mais tant qu'il n'a pas de renseignements précis, il se garde bien de sortir, car une fois dans les rues on perd la lueur de vue. Il télégraphie alors à l'état-major pour lui demander des instructions. A l'état-major, on lui répond d'attendre, ou qu'on n'a pas besoin de secours, ou de partir. Dans ce dernier cas, le départ s'effectue de suite, puisque le premier départ est tout prêt.

C'est l'officier de garde en arrivant au feu qui a la plus grande responsabilité.

L'officier de garde doit être le maître, afin d'éviter la confusion, et la perte de temps (1), choses si préjudiciables quand il s'agit de vies humaines. Son premier devoir, avant de s'occuper du feu, est d'*opérer* le sauvetage des personnes en danger. Avant tout, il faut sauver la vie de ses semblables.

Sur le lieu de l'incendie, l'officier commandant se tient en relations avec le colonel au moyen de dépêches envoyées par l'intermédiaire du poste voisin. S'il a besoin de renforts, il appelle le second départ de sa caserne, ou bien l'état-major donne l'ordre à une autre caserne de partir avec tels ou tels agrès nécessaires à l'officier qui est sur le lieu de l'incendie.

Le premier départ.

Le *premier départ* ou *départ attelé* qui sort de la caserne se compose du matériel suivant :

Un dévidoir à bobine avec 310 mètres de gros tuyaux, 160 mètres de petits tuyaux,

Un appareil à feux de caves avec son compresseur d'air,

Un matériel de sauvetage.

Le service de ce premier départ comprend :

Un officier, trois sous-officiers, trois caporaux, huit sapeurs dont un cocher, un clairon.

Le service de l'échelle est assuré par un sous-officier, un caporal et neuf sapeurs, dont un cocher.

(1) Ce qui arrive dans les autres pays, où le système militaire pour les Sapeurs-Pompiers n'existe pas comme à Paris.

Le second départ.

Le *second départ* est destiné à secourir le premier quand le feu est trop violent et que de nouveaux secours sont nécessaires. Il sert aussi à secourir les casernes voisines, ou encore à marcher si le feu éclate dans un autre endroit.

L'ALARME. — CAPORAL DE GARDE SONNANT AU FEU

Le matériel de ce départ comprend :

Deux dévidoirs à caisse contenant chacun 120 mètres de gros tuyaux et 40 mètres de petits tuyaux.

Un chariot de réserve.

Au matériel de ces deux départs, on peut ajouter un *ventilateur* dont le service et la traction sont assurés par trois hommes.

Ce ventilateur sert à aérer les locaux renfermant des gaz délétères ou explosibles.

Personnel de service chaque jour.

Officiers	de piquet dans les casernes. . .	12
	de ronde, visite, etc.	13
	Total des officiers de service.	25
Troupe	Piquets dans les casernes. . .	343
	Postes de pompe à vapeur. . .	72
	Postes de ville.	242
	Théâtres *(service de représentation)*	199
	Total des sapeurs de service.	856

Le service d'incendie dans les théâtres.

C'est surtout pour les théâtres que les plus grandes précautions doivent être prises. Un incendie de théâtre n'est-il pas une chose d'une extrême gravité, aux conséquences les plus effrayantes, le sinistre pouvant atteindre, en l'espace de peu de temps, des proportions désastreuses, non seulement au point de vue matériel, mais encore et surtout au point de vue des vies humaines.

Je tiens à donner à ce sujet quelques chiffres de statistique et sur le nombre des incendies dans les théâtres et sur celui de leurs victimes.

De 1751 à 1760. . .	4 incendies.	10 victimes.
De 1761 à 1770. . .	8 —	4 —
De 1771 à 1780. . .	11 —	154 —
De 1781 à 1790. . .	13 —	21 —
De 1791 à 1800. . .	15 —	1010 (1) —
De 1801 à 1810. . .	17 —	37 —
De 1811 à 1820. . .	18 —	85 —
De 1821 à 1830. . .	32 —	105 —
De 1831 à 1840. . .	30 —	813 (2) —

(1) 1000 victimes à Capo d'Istria en 1794.
(2) Saint-Pétersbourg, 800 victimes en 1836.

De 1841 à 1850. . .	54 incendies,	2144 victimes (1)		
De 1851 à 1860. . .	76	—	241	—
De 1861 à 1870. . .	103	—	104	—
De 1871 à 1880. . .	169	—	1217	—
De 1881 à 1885. . .	174	—	628	—

Ces chiffres sont effrayants comme on le voit, et on ne saurait prendre trop de précautions contre le feu dans les théâtres.

Un sapeur est toujours sur la scène en faction pendant deux heures. Quand il vient d'être relevé, avant d'aller prendre son repos au poste, il doit faire une ronde dans tout le théâtre. Et notez qu'il est impossible qu'il ne la fasse pas, car il y a un moyen de contrôle très efficace, certain, dont il ne peut s'abstenir. Il est obligé de faire constater sa ronde par un *chronographe* dont il est porteur. Des boîtes de repère situées en des endroits déterminés laissent une empreinte sur le chronographe quand on présente celui-ci à leur carré.

Les hommes de grand'garde passent vingt-quatre heures dans les théâtres.

A sa droite, chaque sapeur de service a un *établissement* ou robinet sur lequel est vissé un tuyau d'incendie de plusieurs mètres de longueur et terminé par une lance. A sa gauche, il a un seau plein d'eau, une éponge et une perche. A côté du robinet se trouve le bouton d'une sonnerie électrique qui correspond à l'un des numéros d'un tableau indicateur.

Quand il y a un commencement d'incendie, le sapeur cherche tout d'abord à l'éteindre avec son éponge et sa perche; s'il n'y parvient pas, il se sert alors de la lance de son établissement et presse en même temps le bouton électrique.

A ce signal électrique, les autres sapeurs montent ou descendent par les portants ou les cordages, et plusieurs lances font alors converger l'eau sur le foyer d'incendie. Ce commencement d'incendie doit être ainsi rapidement éteint dans

(1) A Canton, 1670 victimes en 1845.

l'espace de deux à trois minutes, sinon un grand feu se déclare et il faut d'autres secours (1).

Devoirs du sapeur en permission.

Lorsqu'un Sapeur-Pompier, quel que soit le grade auquel il appartient, se trouve en ville, en permission, et qu'il apprend l'existence d'un sinistre dans un endroit rapproché de celui où il se trouve, il doit y courir de suite. Arrivé sur le lieu du sinistre, il est tenu d'y organiser les premiers secours, et de faire, par tous les moyens possibles, prévenir la caserne ou le poste le plus voisin de l'incendie. Il arrive très souvent qu'un certain nombre de sauvetages ont été faits, que des incendies ont été éteints par des sapeurs en permission, et que lorsque le poste appelé au secours était arrivé, il n'avait plus qu'à s'en retourner, la besogne se trouvant faite.

Rondes et visites.

Les officiers et les sous-officiers du régiment exercent une surveillance constante sur les postes, sur les théâtres et autres établissements où se trouvent des détachements de Sapeurs-Pompiers.

Les *rondes* et les *visites* ont pour but de s'assurer de la vigilance des hommes de service et de l'état de leur matériel de secours contre l'incendie. Elles sont constatées par l'inscription sur le registre du poste, reproduite sur le rapport des postes et par des rapports qui doivent mentionner les détails nécessaires. Les rapports des officiers doivent parvenir au quartier central le lendemain de la ronde ou de la visite; ceux des officiers sont remis aux capitaines, qui les conservent et rendent compte des événements qui s'y seraient produits.

Les capitaines, lieutenants et sous-lieutenants concourent entre eux au service de ronde dans les théâtres impor-

(1) Le personnel de service chaque jour dans les théâtres et les cafés-concerts est de cent quatre-vingt-dix-neuf hommes.

tants.... Les rondes et les visites des postes doivent être inopinées. Elles sont commandées tous les jours et elles ont lieu à des heures variables.

Statistique des feux.

Que l'on considère le chiffre relativement restreint de Sapeurs-Pompiers que possède la ville de Paris, et le nombre de feux annuels qu'ils sont appelés à éteindre, et l'on verra une fois de plus tout le zèle, tout le dévouement de ces braves sapeurs dont on ne saurait trop faire l'éloge.

Voici d'ailleurs, pendant huit années, le tableau des feux :

Années.	Feux de cheminées.	Nombre des incendies.	Total.
1878	1,432	775	2,207
1879	1,856	878	2,734 (1)
1880	1,309	786	2,095
1881	1,585	945	2,530
1882	1,656	982	2,638
1883	1,668	905	2,57[illegible]
1884	1,671	869	2,5[illegible]
1885	1,654	884	2,[illegible]38

Le feu en dehors de Paris.

Le colonel des Sapeurs-Pompiers a seul, par délégation du Préfet de police et sous sa responsabilité, le droit de juger s'il est possible d'envoyer une ou plusieurs pompes à vapeur à un incendie qui a éclaté en dehors de l'enceinte fortifiée.

Il est évident que la première des choses, c'est qu'il ne faut pas compromettre la sécurité de Paris. Le régiment des Sapeurs-Pompiers et son matériel ont été créés pour la ville de Paris, et tout en secourant, dans la mesure du possible, les communes des environs de Paris, on ne doit pas laisser

(1) Le froid a été exceptionnellement rigoureux.

la ville désarmée. Paris doit être protégé avant tout, puisque c'est lui qui paye le matériel, son entretien, la solde des sapeurs (1).

Le rapport d'incendie.

Après un incendie, le chef du détachement des Sapeurs-Pompiers qui a été chargé de diriger les secours de sauvetage et d'incendie est tenu de faire, dans les douze heures au plus, qui suivent l'incendie, un rapport donnant tous les renseignements désirables.

Les chiffres des dégâts contenus dans ces rapports ne peuvent être évalués qu'approximativement. le chef du détachement étant obligé de les demander sur les lieux mêmes. soit aux propriétaires. soit aux locataires des maisons incendiées.

MORTS AU FEU!

J'ai dit précédemment qu'à dix heures du matin avait lieu à la caserne le *défilé de la garde* avec l'*appel des morts au feu.* Il y a quelque chose de solennel, d'émouvant dans cet appel

(1) « Le colonel des Sapeurs-Pompiers a seul, par délégation du Préfet de police et sous sa responsabilité, le droit de juger l'opportunité qu'il peut y avoir d'envoyer une ou plusieurs de ses pompes à vapeur à un grand feu *extra muros.* On comprend assez, et les exemples que nous venons de citer le prouvent, que nous n'hésitons jamais à donner cet ordre, à moins de circonstances extraordinaires qui compromettraient la sécurité de Paris. Or ces circonstances peuvent se présenter et se sont précisément présentées, il y a quelques jours. Chacun se rappelle l'explosion qui eut lieu le 1er mai dans les ateliers d'artifices de M. Honoré, rue du Chemin-Vert, à Pantin. On crut au premier moment, et avec toute apparence de raison, qu'elle allait avoir pour conséquences, outre les cadavres semés autour des ateliers, un incendie formidable, et nous reçûmes une dépêche nous demandant des pompes à vapeur. Nous en avions deux depuis trois heures du matin (il était une heure et demie de l'après-midi) au boulevard de Stains; nous refusâmes formellement. Fort heureusement, l'incendie redouté n'éclata point; mais en eût-il été autrement, eût-il dévoré tout Pantin, que nous n'eussions point bougé, ne pouvant laisser désarmée la ville dont nous avons la garde. »

(Colonel PARIS.)

des noms de ces braves qui sont morts *victimes du devoir*, de ces héros qui sont l'éternel honneur du régiment (1).

Chez tous ces hommes, chez tous ces sapeurs qui s'en vont, de jour comme de nuit, au moindre appel, au secours de leurs frères, sous la conduite de leurs chefs intrépides,

MORTS AU FEU!

on devine le sentiment du devoir, et ces résolutions viriles qui font regarder la mort sans pâlir.

(1) *Non omnis moriar*, dit le poète HORACE, *odes, liv. III*, 24. « Je ne mourrai pas tout entier, » peuvent dire ces simples héros dont la vie est chaque jour à la merci du hasard, et dont chaque jour la première pensée est pour ceux qui sont morts.

Ils ont là-bas, au cimetière Montparnasse, entre les cyprès et les chrysanthèmes, un grand caveau où reposent les braves d'autrefois.

Au feu rien ne les arrête, et grande est déjà la liste de ces victimes.

Dans les casernes, sur une plaque de marbre noir, sont inscrits en lettres d'or les noms de ces morts au feu.

En voici la liste :

Roparts et Bonnard, caporaux; Huvé, sapeur, asphyxiés dans un feu de cave, 12, rue des Gobelins, le 31 mai 1827.

Maret, sapeur, tué à l'incendie du théâtre de l'Ambigu, le 13 juillet 1827.

Beaufils, sapeur, tué à l'incendie du théâtre de la Gaîté, le 21 février 1835.

Fey et Beck, sapeurs, tués, rue Cadet, 23, le 8 décembre 1844.

Baltazar, caporal, asphyxié dans une cave, 48, rue Monsieur-le-Prince, le 2 février 1864.

Brun, sapeur, tué, rue Albouy, 9, le 8 février 1864.

Miquel, sapeur, tué dans l'incendie du théâtre des Nouveautés, le 3 décembre 1866.

Guillot, caporal, tué, rue de Bercy, 65, le 6 décembre 1866.

Brisson, sapeur, tué dans l'incendie du théâtre de Belleville, le 11 décembre 1867.

Hartman, caporal, tué à l'incendie des Halles centrales, le 10 juillet 1868.

Morel, sapeur, tué à l'incendie du boulevard Malesherbes, 144, le 29 mai 1873.

Bellet, caporal, tué à l'incendie du théâtre national de l'Opéra, le 28 octobre 1873.

Lecomte, sapeur, tué, rue des Francs-Bourgeois, 30, le 11 février 1876.

Arnoult, sapeur, tué, rue Riquet, 33, le 16 novembre 1876.

Havard, sapeur, tué à l'incendie des magasins du Printemps, le 9 mars 1881.

Froidevaux, lieutenant-colonel, tué au boulevard de Charonne, 69, en octobre 1882.

Herman, sergent-major, tué à l'explosion de la rue Saint-Denis, le 18 mars 1884.

Sixdenier, sergent, tué au sauvetage de la rue des Deux-Portes, 22, le 11 mars 1888.

Toulon, caporal, tué aussi au sauvetage de la rue des Deux-Portes, le 11 mars 1888.

Porlier, caporal, tué au feu de la gare Saint-Lazare. le 8 avril 1888.

Pachins, sapeur. tué aussi au feu de la gare Saint-Lazare, le 8 avril 1888.

LE DÉVOUEMENT DES SAPEURS-POMPIERS

Les pompiers paient à la société parisienne un large tribut de dévouement; ils sont toujours prêts, soit de jour, soit de nuit.

Arrivés sur le lieu du sinistre, le premier devoir des sapeurs c'est de s'occuper du sauvetage avant de s'occuper du feu. Puis, quand un poste leur a été confié, ils ne doivent pas l'abandonner. S'ils sont des sapeurs, ils sont aussi des soldats. Pour eux, *le feu c'est l'ennemi,* et ils ne doivent pas déserter leur poste devant l'ennemi (1).

Voyez ces trois faits héroïques de trois sapeurs que les annales du régiment peuvent enregistrer avec honneur :

Le sapeur *Maret*, de garde au théâtre de l'Ambigu, a été brûlé en combattant le feu du 13 juillet 1827.

Le sapeur *Beaufils*, qui était en faction aux cintres du théâtre de la Gaîté lors de l'incendie du 21 février 1835, s'est

(1) « Dans un incendie célèbre, une des plus abominables catastrophes qui aient attristé Paris depuis bien longtemps, un caporal de Sapeurs-Pompiers, placé à proximité même de l'immeuble embrasé, tenait sa lance à la main. Derrière lui, deux autres pompiers. deux simples soldats, surveillaient les effets de l'eau qui se vaporisait sur le foyer incandescent.

Tout à coup, une poutre se détache, avec un horrible craquement, de la charpente des combles, tombe, tournoie, se heurte aux murailles et vient frapper à la tête le caporal qui reste inanimé. La lance lui avait échappé des mains et gisait à terre.

Alors, sans manifester aucune émotion, sans même prendre la peine de repousser du pied les tisons enflammés qui brûlaient auprès de lui, un des deux simples pompiers fait trois pas en avant, saisit la lance à son tour et laissé brûler plutôt que d'abandonner le poste qui lui avait été confié.

A l'incendie de l'Opéra du 28 octobre 1873, le caporal *Bellet* s'est laissé ensevelir sous les décombres à la tête d'attaque où il tenait la lance, plutôt que de reculer et d'abandonner son poste.

Le feu a fermé toutes les issues, la fumée est asphyxiante, les langues dévorantes de la flamme menacent de les envelopper de toutes parts, et cependant rien ne les arrête, les braves sapeurs. Le *devoir* pour eux semble *doublé d'héroïsme*. Il y a des femmes et des enfants qui les appellent, des vieillards infirmes qui pleurent, des hommes valides qui perdent la tête; eux, ils n'hésitent pas, rien ne les arrête, ils franchissent tous les obstacles, et si la mort ne les en empêche, ils arrachent à une fin horrible toutes ces pauvres victimes.

Écoutez cet ordre du jour qui fut adressé, en 1888, par le colonel Couston, au régiment des Sapeurs-Pompiers, au sujet de la catastrophe de la rue des Deux-Ponts :

N° 23 ORDRE DU RÉGIMENT

TUÉS AU SINISTRE

« Le colonel a la peine profonde d'informer le régiment que le caporal Toulon, de la 3e compagnie du 2e bataillon, et l'ancien sergent Sixdenier, de la 3e compagnie du 1er bataillon, ont succombé hier, à midi, victimes de leur dévouement, en voulant sauver un imprudent descendu, sans précautions, dans une fosse de la rue des Deux-Ponts, qu'il tentait de dégorger.

continue son service. Des infirmiers, pendant ce temps, emportaient le cadavre fracassé du caporal.

Tout cela avait été accompli si simplement et si noblement à la fois que la foule ne put s'empêcher d'applaudir. Mais le brave pompier paraissait ne pas même s'apercevoir que ces applaudissements s'adressaient à lui. Il croyait avoir fait son devoir et rien que son devoir.

Il avait peut-être raison, du reste, puisque, pour ceux-là, le devoir strict, c'est l'héroïsme.

Le Parisien, du reste, sait quels sont les hommes qui ont accepté la lourde charge de veiller à sa sûreté, et il ne laisse jamais passer une occasion de leur témoigner à la fois sa reconnaissance et sa sympathie. »

» Trois courageux voisins, accourus successivement au secours des premières victimes, venaient de tomber asphyxiés.

» L'un d'eux élevait la main, l'agitant encore. Toulon a voulu la saisir sans prendre le temps d'endosser l'appareil et le cordage ; une minute perdue était la mort assurée à son prochain.

» Retenu au bord de la fosse par le poids du secouru, il a été subitement asphyxié à son tour.

CLAIRON BLESSÉ (1884).

» Pendant ce drame, l'officier commandant le détachement, qui n'a cessé de prendre des dispositions irréprochables, avait fait, sans perdre une minute, endosser les scaphandres.

» Toulon était retiré vivant, mais expirait quelques minutes après.

» Les quatre premières victimes, dont le corps occupait le fond de la fosse, n'ont pu être rappelées à la vie.

» Malgré la promptitude des secours et le dévouement des sauveteurs, cinq personnes ont donc succombé.

» Le caporal Toulon, le sergent Sixdenier et les citoyens Cotard et Pauffique, morts victimes de leur courage, ont droit à l'admiration de leurs concitoyens.

» Le généreux Cotard avait donné, naguère, au régiment une preuve de sa sympathie, en y faisant engager son neveu.

» La Ville de Paris voudra faire à ces braves des funérailles dignes d'une fin si honorable.

» Se sont particulièrement signalés : le sergent Bousquet, les caporaux Lasnier, Pirouelle, Desmoulins, Chapelle ; les sapeurs Poulat, Morère, Bouget et Sauthier.

» La mort de Sixdenier et de Toulon sera pour tous un nouvel et grand exemple à ajouter à l'historique du régiment.

» Elles nous seront un légitime sujet d'orgueil.

» Leurs noms seront gravés sur le marbre d'honneur. au tableau des morts au champ du devoir.

» Paris, le 12 mars 1888.

» *Le colonel.*

» COUSTON. »

Les officiers paient de leur personne comme les simples sapeurs. C'est ainsi qu'à l'incendie de l'usine Boas et Cie. au 69 du boulevard de Charonne, le lieutenant-colonel Froidevaux a trouvé la mort. Pendant qu'il visitait les bâtiments que l'incendie dévorait, une poutre d'un poids considérable vint le frapper à la tête et lui brisa en même temps la colonne vertébrale.

Voici l'ordre du jour dans lequel le colonel des Sapeurs-Pompiers rendait hommage au dévouement, au courage et aux belles qualités du vaillant soldat :

« Le colonel porte à la connaissance du régiment la nouvelle douloureuse de la mort du lieutenant-colonel, tué au feu cette nuit, à trois heures, dans l'incendie du boulevard de Charonne, où l'appelait son tour de service.

» Cette fin glorieuse était due à l'intrépide soldat, au serviteur convaincu, au savant ingénieur qui s'appelait le colonel Froidevaux. Depuis plus de trente ans, il donnait l'exemple des vertus militaires et civiques qui font le solide soldat et le citoyen utile.

» Le nom du colonel Froidevaux sera immédiatement gravé en lettres d'or, à la suite de ceux des braves du régiment morts au feu, et qui, déjà trop nombreux, figurent sur la plaque d'honneur de chaque compagnie.

» *Le colonel,*

» COUSTON. »

Écoutez ces sauvetages héroïques du caporal Thibault. Les peuples de l'antiquité auraient gravé son nom en lettres d'or sur les murailles de leurs temples.

Le samedi soir, 9 août 1868, le feu prenait dans une arrière-boutique du n° 133 de la rue Saint-Antoine et, en quelques instants, une flamme considérable envahissait tout l'escalier de la maison.

Quand les pompiers de la caserne Culture-Sainte-Catherine arrivèrent, l'escalier n'était plus qu'une fournaise et de tous les étages partaient des cris de détresse.

Il y avait là des femmes et des enfants qui allaient périr et qui imploraient.

De tous côtés la mort horrible était certaine.

C'est alors qu'avec un sublime courage, le *caporal Thibault* risqua dix fois sa vie pour sauver dix personnes. En moins d'un quart d'heure, il avait sauvé les époux Jacob et leurs enfants, les époux Jourdain, les époux Genty et leurs deux enfants. Il restait au cinquième étage une vieille femme, la dame Follias, âgée de soixante ans. Devant la fenêtre du logement de cette dame était un chêneau faisant saillie, de sorte que l'échelle de sauvetage accrochée à l'appui se trouvait dans une position inclinée et ne touchait pas la fenêtre inférieure. Malgré ce grave obstacle, le caporal Thibault n'hésita pas. Arrivé à la chambre de la pauvre femme à demi morte de peur, il la plaça sur son dos et la lia à lui fortement par une corde, puis redescendant sa périlleuse échelle dont l'extrémité se trouvait dans le vide, à une assez forte distance de la croisée inférieure, il parvint, étant arrivé sur le dernier échelon, à s'y suspendre par les deux mains, à bout de bras, et par un superbe mouvement d'adresse, il se balança deux ou trois fois, toujours embarrassé de son fardeau et, prenant son élan, il vint tomber debout sur la fenêtre où un autre sapeur lui tendait les bras.

La pauvre vieille femme était sauvée.

De l'immense foule qui entourait la maison incendiée partirent un immense cri et des applaudissements frénétiques.

La croix de la Légion d'honneur fut donnée au caporal Thibault le 15 août de la même année. Il l'avait bien gagnée; n'était-il pas un véritable héros, ce brave caporal ?

Puisque je suis en train de parler du dévouement des Sapeurs-Pompiers, qu'on me permette de rappeler un souvenir personnel.

A l'explosion de la rue François-Miron, alors que la fumée de l'explosion ne s'était pas encore dissipée, et qu'une nouvelle explosion était imminente, que l'on marchait dans le sang à travers des débris et des cadavres amoncelés, au milieu d'une terreur indescriptible, j'ai vu les braves pompiers qui avaient déjà, à l'aide de leurs échelles à crochets, établi tout un système de sauvetage avec des cordes.

Est-il possible de pousser plus loin le sang-froid, l'abnégation de soi-même, l'héroïsme ?

Lisons encore ce simple fait divers raconté par les journaux du 18 août 1892 :

« Un commencement d'incendie s'est déclaré hier soir, vers dix heures, dans une des caves du restaurant Peters, passage des Princes. Le feu a pris naissance dans un tas de sciure de bois et a gagné la cave au charbon qui se trouve située à côté.

» Les pompiers de la rue Blanche sont arrivés cinq minutes après sur les lieux du sinistre et, après avoir mis en mouvement un ventilateur, ont voulu s'assurer de l'endroit exact où se trouvait le feu. Le lieutenant Garnier, dont la conduite ne saurait être trop louée, est descendu

ADJUDANT SOUS-OFFICIER (1871-1874).

le premier, accompagné du sergent Sauva, des caporaux Legrand et Duvaquer et du sapeur Forge.

» Au bout de quelques minutes, on voyait apparaître au bas de l'escalier de la cave le lieutenant Garnier portant le sergent Sauva, sans connaissance et à demi asphyxié. Deux fois de suite il rapporta l'un de ses hommes évanoui, mais à la troisième fois lui-même revint seul et tomba sans connaissance.

» Les autres sapeurs furent remontés par leurs camarades, le sapeur Freulard descendit deux fois et deux fois force fut de le remonter également asphyxié.

» Les docteurs Rouyer et Duron donnèrent leurs soins aux blessés dans l'une des salles du restaurant.

» Le lieutenant Garnier, très sérieusement atteint, fut assez long à revenir de son évanouissement et voulut, aussitôt remis, redescendre à nouveau; le sergent Sauva, pris d'une crise d'hystérie, fut reconduit en voiture au poste de la rue Blanche.

» Enfin, vers onze heures, on pouvait approcher le foyer de l'incendie. Le commandant des Sapeurs-Pompiers Raincourt, ainsi que le médecin-major de Santy, de la caserne Château-Landon, sont arrivés à ce moment, et tandis que l'un employait tous les moyens pour combattre le fléau, l'autre donnait ses soins aux blessés. »

Je pourrais terminer ce trop modeste livre par d'autres citations glorieuses; je me bornerai à proclamer que les Sapeurs-Pompiers de Paris sont les plus humbles mais aussi les plus sublimes représentants de ces deux vertus militaires inscrites sur leur drapeau :

DÉVOUEMENT ET DISCIPLINE.

OFFICIERS

Qui ont commandé le corps des Sapeurs-Pompiers de Paris.

Au commencement du siècle, le colonel Ledoux commandait les Pompiers : à la fin de l'Empire il fut remplacé par le commandant Delalanne, à qui la Restauration donna pour successeur le commandant Plazanet. La Révolution de 1830 appela au commandement des Pompiers le commandant Paulin; ce dernier y resta jusqu'en 1846 et fut retraité comme colonel. Son successeur, le commandant d'artillerie Vivès, cessa ses fonctions en février 1848 et les reprit en 1850. Remplacé, le 28 février 1851, par M. le chef d'escadron de la Condamine, de l'arme de l'artillerie, successivement promu lieutenant-colonel et colonel, ce fut M. Willermé qui lui succéda provisoirement le 3 septembre 1861 et définitivement le 22 janvier 1862.

Depuis 1871, les chefs du corps ont été les colonels Saint-Martin, Paris, Couston, et actuellement M. Ruyssen.

IV

LES SAUVETAGES DANS LES INCENDIES

La question des sauvetages dans les incendies occupe une des premières et des plus importantes places : sauver son semblable dans un sinistre nous paraît devoir être la première préoccupation. Aussi nous a-t-il semblé utile et nécessaire de donner ici une grande partie de ce qui concerne la question des sauvetages, d'après le projet de règlements et instructions du régiment des Sapeurs-Pompiers.

SAUVETAGE

Dès son arrivée sur le lieu du sinistre, le commandant du détachement des Sapeurs-Pompiers interroge rapidement les habitants ou les voisins, pour savoir s'il y a des personnes en danger et pour tâcher d'arriver auprès d'elles.

Les renseignements obtenus ainsi sont précieux, mais ils demandent à être dépouillés de la part due à l'affolement ; c'est pourquoi il faut explorer dans toutes leurs parties les locaux pouvant être envahis par la flamme ou par la fumée, surtout dans les étages supérieurs.

Celui qui dirige les secours emploie au besoin tout son monde pour les sauvetages, en commençant toujours par les personnes les plus exposées. S'il a un personnel suffisant, il doit mener de front les quatre premières opérations. L'arrivée de l'eau sur le feu facilite dans bien des cas les sauvetages : les flammes sont abattues, la chaleur diminue, les chances d'asphyxie sont moins grandes, les personnes exposées reprennent confiance ; les escaliers peuvent devenir praticables, et c'est la voie la plus sûre pour sauver les personnes. . . . .

. . . .

SAUVETAGES DES PERSONNES

Celui qui est appelé à faire un sauvetage de personnes doit juger rapidement la situation et prendre une détermination soudaine. Le rôle de sauveteur est aventureux ; il ne peut être bien rempli que par un chef adroit et audacieux, et par des hommes qui lui ressemblent.

SAPEUR (tenue de manœuvre)

Les sapeurs se serviront de préférence des engins et des agrès dont l'usage leur est familier ; mais tous les moyens sont bons pour le sauveteur, quand il est rompu aux exercices gymnastiques. Non seulement il est familiarisé avec le danger, mais encore il sait faire un emploi raisonné de ses forces, ce qui lui donne le sang-froid indispensable dans tous les cas . . . .

. . . .

Les sauvetages de personnes dans les maisons incendiées, doivent toujours se faire, à moins d'impossibilité absolue, par les communications existantes. Ce sont les voies les plus sûres et les plus commodes ; elles offrent d'ailleurs aux habitants les moyens de pourvoir d'eux-mêmes à leur salut, quand les forces le leur permettront.

S'ils ne réussissent pas à franchir les corridors et les escaliers pour se mettre en sûreté, les balcons, les toits peuvent quelquefois leur servir de refuges en attendant des secours, ou leur permettre de passer dans les maisons voisines. L'échappement sur les toits par les fenêtres des combles, les lucarnes ou tabatières et les chêneaux, quand il est facile, doit être tenté avant que la fumée ait envahi les étages supérieurs.

Il importe que les personnes soient mises le plus vite possible à l'abri de la fumée, pour éviter l'asphyxie.

Quand les escaliers ne sont plus praticables pour les sapeurs, ils pénètrent par l'extérieur.

S'il y a beaucoup de personnes à sauver, comme dans les édifices occupés par une nombreuse population, ils opèrent à la fois par les communications existantes et par l'extérieur; ils établissent au besoin des communications en faisant des trouées.

Si des personnes affolées menacent de se jeter par les fenêtres avant qu'on ait eu le temps d'aller les chercher, on essaie d'amortir leur chute à l'aide de matelas, de couvertures, de tapis, de paille, de fumier, etc.

Ce moyen est toujours dangereux; il ne doit pas être conseillé, à moins d'un cas extraordinaire; il n'est employé le plus souvent que par des individus ayant perdu tout sang-froid.

1° *Par les communications.*

Les escaliers et les corridors sont rarement impraticables pour les sapeurs, et c'est par là qu'ils doivent tenter les sauvetages.

Arrivé près d'une personne qui peut s'aider, en lui donnant confiance, en l'exhortant, en la soutenant, on arrive à lui faire franchir des passages difficiles; si elle ne s'aide pas, on la transporte de gré ou de force. Les précautions à prendre contre les flammes ou la fumée sont les mêmes pour la personne à sauver que pour le sauveteur.

Dès que la victime est hors de danger, on la remet entre les mains de personnes qui peuvent facilement la mettre tout à fait en sûreté.

Ainsi, on la dépose sur un palier, si elle y est à l'abri, sans s'astreindre à descendre tous les étages d'une maison, si cela n'est pas utile. En agissant autrement, on perdrait un temps précieux et on se priverait du bénéfice de pouvoir sauver plusieurs personnes en quelques instants.

SERGENT MÉCANICIEN

Quand il est impossible d'arriver par d'autres moyens près d'une personne exposée, on établit une communication entre deux pièces en pratiquant une trouée, soit dans un mur, soit dans un plancher.

S'il s'agit d'un mur, on choisit de préférence le fond d'une cheminée affleurée : l'épaisseur est moindre.

Pour percer un plancher, on choisit l'emplacement des fenêtres ou des cheminées, on est certain d'y découvrir des vides.

Dans les caves, les sauvetages ne peuvent se faire le plus souvent que par les escaliers. On essaie d'utiliser les soupiraux dans certains cas; on les agrandit au besoin. Les dangers d'asphyxie sont très grands; il faut agir avec une extrême rapidité.

2° *Par l'extérieur.*

Pour arriver par l'extérieur près des personnes en danger, on emploie les échelles qui sont à la fois des appareils d'ascension et de descente. On pourrait en dire autant des cordages, s'il n'y avait souvent la difficulté de les accrocher pour pouvoir se hisser. On s'en sert comme de cordes lisses, quand on peut les lancer et les faire amarrer soit à un balcon, soit à une fenêtre, par les incendiés eux-mêmes.

On peut encore lancer le grappin après l'avoir attaché au cordage, et tenter de l'accrocher à une saillie quelconque.

Les sapeurs ont, en outre, à leur disposition tous les moyens d'escalade en utilisant les balcons, les persiennes, les tuyaux de descente, les corniches, les saillies, les chêneaux, etc.

Tous les moyens d'ascension et d'escalade peuvent leur servir pour la descente ; il leur est facile encore de se laisser glisser le long d'un drap, d'un rideau, etc., qu'ils attachent à une croisée, à un balcon, à un gros meuble.

Il en est de même des individus qui ne sont plus de sang-froid, des femmes ou des vieillards.

Quand une personne est valide, on la laisse descendre librement par une échelle ; si elle a besoin d'aide, un sapeur la précède et l'entoure de ses bras en saisissant les extrémités des échelons, de manière à pouvoir la retenir entre son corps et l'échelle.

Un enfant s'attache facilement sur le dos.

Les cordages, les nœuds, les ceintures et les sangles constituent toujours les appareils de descente les plus précieux et les plus rapides, surtout si les personnes ne peuvent s'aider en aucune façon.

SAUVETAGES D'ANIMAUX

Le sauvetage des animaux à l'écurie ou à l'étable présente d'autant plus de difficultés que l'incendie est plus développé.

Les animaux prennent peur dès qu'ils sentent la fumée, qu'ils éprouvent de la chaleur et surtout quand ils voient les flammes ; ils refusent de se laisser conduire.

SAPEUR EN MANTEAU

On arrive souvent à vaincre leur résistance en leur bandant les yeux et en les faisant sortir à reculons.

On est obligé quelquefois de les sortir du côté opposé au feu, en leur ouvrant un passage à l'aide d'une trouée.

V

COMMENT DOIVENT ÊTRE LES CASERNES DE POMPIERS

Pour satisfaire aux exigences d'une instruction et d'un service absolument spéciaux, une caserne de Sapeurs-Pompiers doit remplir, outre les conditions générales requises pour toute caserne, les conditions particulières suivantes :

Être construite en bordure d'une large voie, où mieux encore, s'il est possible, à un carrefour de plusieurs grandes artères, afin que les détachements d'incendie et les pompes à vapeur puissent en déboucher aux allures vives, sans être obligés de tourner immédiatement à angle droit, et pour être en communication plus directe avec les différents points de leur zone de défense ;

N'avoir qu'un ou au plus deux étages, au dessus du rez-de-chaussée pour les chambres de la troupe, avec de larges escaliers et des paliers spacieux, destinés à servir de point d'arrêt aux sapeurs lorsqu'ils se précipitent, plutôt qu'ils ne descendent, à la sonnerie du feu ;

Posséder une cour vaste et pavée (le sable et le gravier détériorent rapidement les pompes), sur une surface d'au moins 600 mètres carrés :

Un gymnase complet, dans la cour ;

Un gymnase couvert, pourvu de tous les agrès que comporte le travail sans course, afin que cette partie capitale de l'instruction ne soit jamais interrompue par le mauvais temps (1);

Deux bureaux télégraphiques, un pour le service, l'autre pour l'instruction ;

Un caveau pour les exercices de feux de sous-sols, avec l'appareil à feux de caves ;

Des bouches d'incendie de tous les modèles sur une conduite amenée *ad hoc ;*

Une cheminée-séchoir de vingt-deux mètres de hauteur au moins, pour les demi-garnitures de pompe à vapeur ;

Des remises très sèches et susceptibles d'être chauffées pendant l'hiver, pour le matériel ;

Un pavillon spécial avec remise et écurie pour la pompe à vapeur, et logement au premier étage pour son équipe et le sous-chef égoutier, qui marche avec elle.

(1) Les sapeurs sont partagés en trois classes quant à l'instruction gymnastique. Aucun homme ayant six mois de présence au corps ne peut obtenir de permission, ni être nommé sapeur de 1re classe (militaire) ou caporal s'il n'est au moins de 2e classe en gymnastique, à moins d'actes exceptionnels de courage et de dévouement.

La 1re classe travaille tous les jours le matin pendant une heure.

La 2e classe travaille tous les jours le matin pendant une heure et l'après-midi une heure et demie, quatre jours par semaine.

La 3e classe travaille tous les jours le matin pendant une heure et l'après-midi une heure et demie.

Le passage aux différentes classes, ainsi que l'admission aux fonctions d'élève moniteur et de moniteur, qui donnent droit à des faveurs spéciales, sont prononcés à la suite d'examens trimestriels.

A l'inspection générale, cinquante hommes sont désignés, à la suite d'un concours préparatoire, pour prendre part au concours des prix, distribués à raison de :

1 prix spécial pour sous-officiers;

1 prix d'honneur pour caporaux et sapeurs ;

12 prix ordinaires pour caporaux et sapeurs;

20 mentions honorables pour caporaux et sapeurs ;

La ville de Paris accorde annuellement 660 francs pour ces prix, plus, sur notre proposition et par décision récente, une somme à peu près équivalente pour les attributs que portent sur le bras gauche les moniteurs et lauréats de gymnastique, qui sont les sauveteurs naturellement désignés dans les incendies et qu'il importe de reconnaître au moyen d'un signe distinctif.

C'est cet entraînement permanent, tellement dur au début que de jeunes sapeurs se font quelquefois renvoyer du corps pour y échapper et qui, les premières fatigues vaincues, devient l'exercice favori des autres, c'est cet entraînement, disons-nous, qui en faisant du tiers au moins de nos hommes des gymnastes d'une agilité, d'une vigueur et d'une audace exceptionnelles, explique le nombre insignifiant de sinistres humains à Paris.

VI

LES ÉCHELLES DE SAUVETAGE

Chaque année un grand nombre de personnes trouvent la mort dans les incendies, faute d'une échelle de sauvetage amenée en temps utile.

Cependant, beaucoup de types de ces échelles ont été essayés; mais la plupart sont difficilement utilisables à cause de leur mécanisme compliqué et tous ont, par leurs grandes dimensions, l'inconvénient de ne pouvoir pénétrer dans les portes étroites et les passages restreints.

Or, le feu, d'après les statistiques, éclate six fois sur dix dans les bâtiments situés dans l'intérieur des cours. Lorsqu'il s'agit d'attaquer le feu ou de faire des sauvetages dans ces lieux retirés, on est obligé de laisser inutilisées, dans la rue, les échelles créées jusqu'à ce jour, leur largeur ou leur hauteur ne permettant pas de les y faire pénétrer.

A la suite d'un incendie qui fit quatre victimes dans la même maison, au Mans, MM. Carel frères et Cie, grands constructeurs de cette ville, firent connaissance d'un homme du métier, M. Draullette, lieutenant au régiment de Sapeurs-Pompiers de Paris. C'est grâce à la précieuse collaboration de cet officier qui mit gracieusement à leur disposition son expérience acquise par cinq années de pratique dans ce

ÉCHELLE DE SAUVETAGE DU LIEUTENANT DRAULLETTE (fig. 1)

régiment d'élite, que MM. Carel frères et Cie sont arrivés à résoudre cette difficile question humanitaire : Permettre à toute personne, Sapeur-Pompier ou autre, qui entend crier « au feu, au secours, » d'opérer le sauvetage de son semblable en danger de mort!

A Paris, le service étant parfaitement organisé, chaque caserne possède une ou plusieurs échelles de sauvetage qui sont amenées rapidement par des chevaux sur le lieu de l'incendie, les secours sont très prompts; mais dans la plupart des localités, les Sapeurs-Pompiers sont dispersés par toute la ville et leurs engins ne sont pas attelés; il faudrait donc que chaque quartier de ces villes fut muni d'une échelle de sauvetage facile à transporter et à manœuvrer. C'est pour répondre à ces besoins que nous donnons ici la description de l'échelle pratique :

Deux personnes suffisent, une seule même, pour l'amener sur le lieu du sinistre et pour la déployer instantanément jusqu'aux étages les plus élevés.

MM. Carel frères construisent leur système aux longueurs qui leur sont demandées, variant entre 11 et 20 mètres, selon la hauteur des maisons du pays.

DESCRIPTION :

La figure 1 représente l'échelle traînée par deux personnes.

Son poids varie entre 420 et 600 kilog., selon qu'elle est à deux ou trois plans.

C'est le poids moyen des pompes à bras.

Le point de traction est à 1m 20 de terre (hauteur des hanches).

Arrivés en face de l'édifice en feu, le ou les opérateurs laissent reposer naturellement l'échelle sur l'arrière (fig. 2).

Pour la dresser, la manivelle M, bien visible, leur indique ce qu'ils ont à faire. Il suffit en effet de tourner cette manivelle pour obtenir instantanément (18 secondes) la position de la figure 3.

La stabilité de l'échelle sur sa base est assurée par deux arcs-boutants, I, placés en un endroit quelconque du sol.

Si le terrain n'est pas horizontal, il suffit de rapprocher ou d'éloigner l'un ou l'autre de ces arcs-boutants du pied de la verticale; le haut de l'échelle obéit naturellement.

A ce moment, l'échelle atteint déjà la fenêtre du deuxième étage. Si les personnes à sauver sont plus élevées, il suffit de tourner le câble de développement en acier H, autour du tambour G, par quelques tours de la manivelle M; le deuxième plan de l'échelle, sollicité par le cable H, monte à la hauteur voulue qui, dans l'échelle à deux plans de 8 mètres, peut être de 15 mètres.

Dans les pays où les maisons sont élevées, l'échelle doit avoir trois plans.

Dans ce cas, lorsque le câble s'enroule autour du treuil, le troisième plan gagne sur le deuxième la même hauteur dont celui-ci dépasse le premier; de telle sorte que deux échelles de ce système, l'une à deux plans, l'autre à trois plans de même longueur (7m60 par exemple), manœuvrant ensemble, arriveront en même temps au bout de leur course, la première à 14 mètres, la deuxième à 20 mètres (fig. 4).

Vingt-cinq secondes suffisent à l'ascension entière.

Il est dès lors facile aux personnes en danger de descendre elles-mêmes.

Mais, en raison de l'affolement, il est toujours préférable que le sauveteur monte aussitôt que l'échelle est déployée, défasse le cordage qui se trouve à l'extrémité du dernier plan, attache les personnes à la ceinture et les guide dans leur descente en laissant filer le cordage.

L'extinction des incendies est rendue pratique grâce à cette échelle.

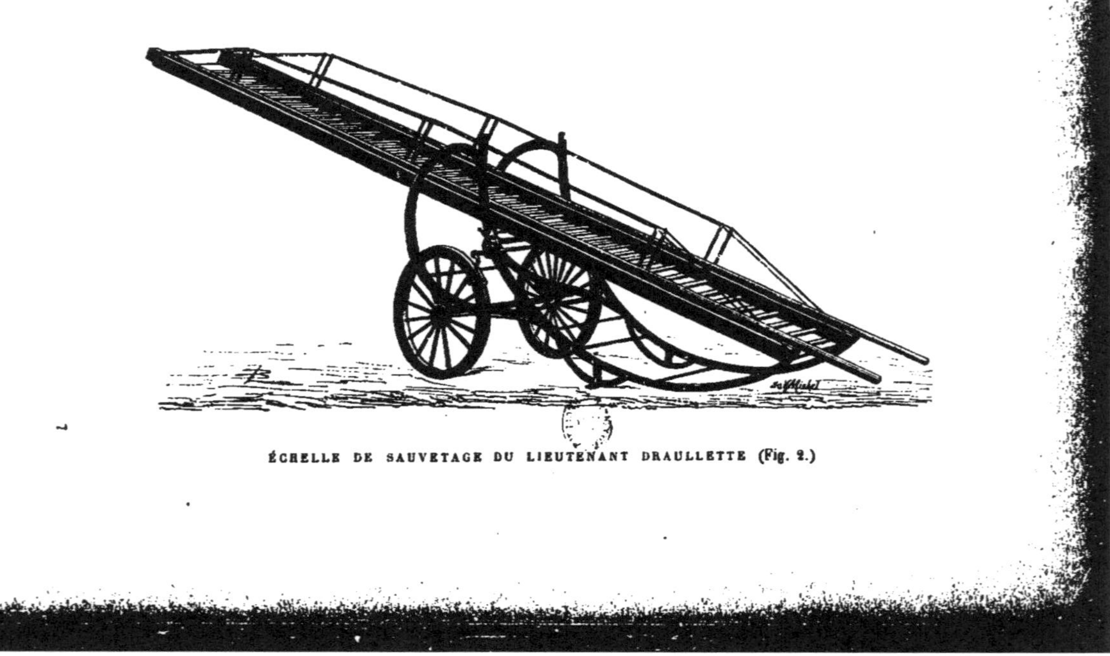

ÉCHELLE DE SAUVETAGE DU LIEUTENANT DRAULLETTE (Fig. 2.)

Elle permet d'attaquer le feu :

1° Par les fenêtres.

2° Lorsque les flammes sortent par ces ouvertures, l'attaque se fait au moyen d'un ou plusieurs jets de lance dirigés à distance de l'édifice par des sapeurs amarrés à divers échelons de l'échelle. Dans ce cas, au lieu d'appuyer le sommet du dernier plan à la fenêtre, l'échelle est dressée dans l'espace où elle se tient, grâce aux tendeurs T, aussi rigide que si elle était appuyée.

Des parachutes d'un système nouveau préviennent les accidents qui pourraient se produire si le cable d'acier venait à se rompre, bien qu'il puisse supporter la charge de seize fois douze personnes ; ces parachutes viennent reposer sur les échelons lorsque l'ascension des plans est terminée.

On éloigne ou on rapproche l'échelle du mur, sans la déplacer, en tournant ou en détournant la manivelle M ; un cliquet d'arrêt empêche le mouvement contraire à celui qu'on veut obtenir de se produire pour éviter une fausse manœuvre.

Lorsqu'il s'agit d'attaquer le feu ou de faire des sauvetages dans une cour à laquelle on ne peut arriver que par une ruelle ou un couloir, on peut encore utiliser l'échelle en raison de ce que le type le plus large n'a qu'un mètre 50 sur deux mètres de hauteur.

Il suffit que la cour ait 3m30 sur l'une de ses dimensions. Dans ce cas lorsque l'échelle est à quelques centimètres du fond de la cour, on actionne la manivelle M, ce qui détermine le dressage de l'échelle ; on la roule en avant à mesure qu'elle se dresse.

La manœuvre est aussi rapide que dans une rue.

Nous allons décrire en quelques mots le mécanisme de dressage qui constitue l'invention proprement dite :

Pour le transport du lieu où une échelle est en dépôt au lieu de l'incendie, il est nécessaire qu'elle soit couchée sur son train pour faciliter la traction rapide, car debout elle risquerait de perdre l'équilibre dans la course, et d'écraser les sauveteurs; elle ne pourrait passer sous les ponts, arcades, portes, etc. Divers systèmes où l'échelle est constamment dressée, ont été condamnés pour ces raisons. D'autres types où la traction se fait dans la position « couchée » ont le grave inconvénient de faire dépenser aux sauveteurs de une minute et demie à six minutes pour transformer cette position horizontale en la position voisine de la verticale. Nous disons quatre-vingt-dix secondes pour la plus rapide manœuvre. Ce mouvement est obtenu en dix-huit secondes dans l'échelle pratique.

C'est donc la partie intéressante à étudier, car il est fort appréciable de pouvoir gagner du temps dans des moments où les gens affolés menacent de se jeter par la fenêtre ou risquent de périr asphyxiés, pendant qu'on passe des minutes entières à la manœuvre de l'engin sauveteur.

Le système de dressage de MM. Carel frères et Cie consiste en deux gaines cintrées B en fer en U (figure 3) reliées par des entretoises convenablement distancées. Dans l'intérieur de chacune de ces gaines se trouve une crémaillère C, cintrée autour du même point de centre. Les extrémités supérieures de ces crémaillères, sont rivées vers le milieu des montants du premier plan de l'échelle, et les extrémités inférieures aux bouts inférieurs de ces montants.

En actionnant la manivelle M ($1^{m}05$ du sol) on tourne deux pignons à rochets qui engrènent avec les crémaillères. Par l'action de ces pignons, les crémaillères montent dans leurs gaines où elles sont guidées, sortent de ces gaines en entraînant l'échelle qui prend alors la position voisine de la perpendiculaire représentée (figure 3).

Ce mouvement est très simple et peut, en effet, être exécuté par la première personne venue, qui d'instinct, cessera de tourner la manivelle M, lorsqu'elle verra que l'échelle est suffisamment dressée pour atteindre tel ou tel étage, un cliquet tombe constamment dans les dents d'un rochet pour limiter le mouvement et empêcher la crémaillère

ÉCHELLE DE SAUVETAGE DU LIEUTENANT DRAULLETTE (fig. 3.)

de descendre. Si l'échelle n'était pas assez droite, un ou deux tours en plus; si elle l'était trop un ou deux tours en moins. La rectification de l'angle que fait l'échelle avec le sol est donc très facile.

En résumé, voici les avantages de l'échelle pratique :

1° Traction rapide par deux personnes.

2° Facilité de manœuvre sans apprentissage.

3° Poids diminué de moitié au moins sur tout autre système.

4° Rapidité extraordinaire de manœuvre (50 secondes au plus).

5° Faculté de pénétrer dans les portes et passages étroits.

6° Rigidité sans appui.

SOUS-LIEUTENANT
(grande tenue 1880-1885.)

Tous ces avantages ont été reconnus en expériences publiques faites dernièrement dans la localité qu'habitent MM. Carel frères et Cie, au Mans, devant la presse, la municipalité et les Sapeurs-Pompiers de cette Ville qui ont immédiatement décidé que chaque quartier posséderait cet appareil d'utilité publique. La Société d'électricité du Mans se sert aussi de l'échelle pratique pour la pose de ses fils aériens.

Grâce à la simplicité de la construction, MM. Carel frères et Cie, faisant acte de désintéressement, fabriqueront des échelles pour toutes les villes de France afin qu'elles puissent s'armer contre cet ennemi commun qui s'appelle le feu. Le prix de revient varie entre mille et douze cents francs, selon la hauteur demandée. C'est un avantage sérieux à joindre aux précédents, car jusqu'à présent il fallait dépenser de deux à quatre mille francs pour acheter une échelle de sauvetage que les Sapeurs-Pompiers seuls pouvaient manœuvrer.

Nous félicitons ces messieurs et M. le lieutenant Draullette pour l'œuvre philanthropique qu'ils ont entreprise. Par un vote de crédits ou même par une souscription de quelques centimes par habitant, les localités pourront acquérir la collection « d'Échelles pratiques » nécessaire à assurer la tranquillité de chaque quartier.

ÉCHELLE DE SAUVETAGE DU LIEUTENANT DRAULLETTE (fig. 4.)

VII

APPAREIL RESPIRATOIRE (1).

Parmi les dernières inventions les plus utiles, il nous faut citer *l'appareil respiratoire* du lieutenant Morio, qui s'emploie comme filtre dans un milieu non complètement irrespirable, et avec refoulement d'air dans un milieu absolument délétère. Il est destiné à rendre d'importants services.

DESCRIPTION DE L'APPAREIL

Il se compose essentiellement :

1° D'un filtre à air;

2° D'un masque;

3° D'un tube-adducteur.

Le filtre est un tube en caoutchouc, à hélice noyée, recourbé et percé de trous. Il est fermé par deux *bouchons vissés* munis chacun d'un *pontet* pour la *courroie d'attache.*

Il est entouré d'une couche de laine maintenue par une enveloppe en caoutchouc percée de nombreux trous. Il présente une douille filetée pour le raccord du tube-adducteur.

Le masque est en caoutchouc pur très souple pour s'ajuster à toutes les figures.

Il présente : un *raccord à crépine* pour le tube-adducteur

(1) Du lieutenant Morio, officier au régiment des Sapeurs-Pompiers de Paris. — Cet appareil se trouve chez MM. Casassa et Cie, 257, rue St-Martin, Paris.

et deux *œillères,* où les verres sont encastrés au moyen de collets à vis de serrage. Il est maintenu par un *capuchon* et par un *passant inférieur* pour la jugulaire du casque.

Le tube-adducteur, à hélice noyée, a quarante centimètres de long et est muni de deux *raccords.*

MASQUE

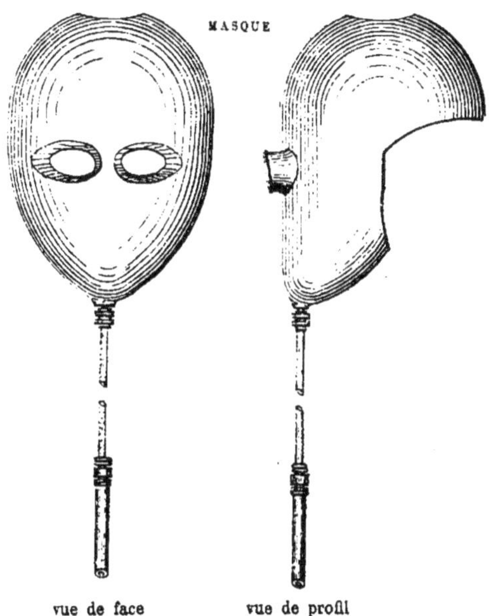

vue de face vue de profil

MANIÈRE DE LE PORTER ET DE L'ENDOSSER

L'appareil est entièrement monté, et le tube-adducteur courbé permet de fixer le masque replié au moyen d'une petite courroie fixée sur le côté droit, ...

On attache la grande courroie autour de la ceinture. On détache le masque, au moment du besoin, et on l'endosse, en observant de commencer toujours par le capuchon, afin de ne pas fatiguer cette partie de l'appareil.

FILTRE

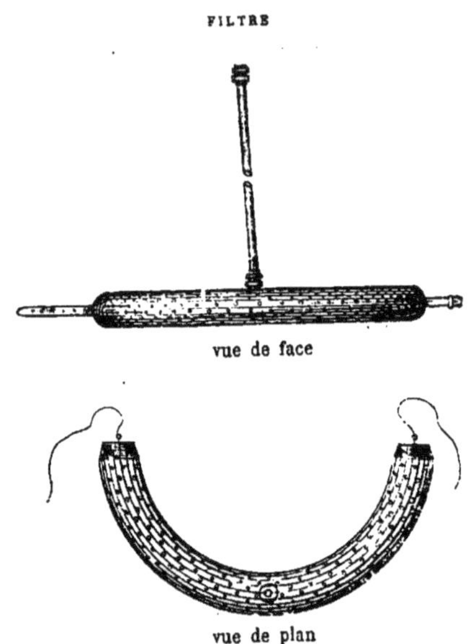

vue de face

vue de plan

MANIÈRE DE S'EN SERVIR

1° Sans refoulement d'air.

On trempe l'appareil dans l'eau ordinaire ou acidulée. (Ne pas se contenter de verser le liquide dessus, l'imbibition n'étant pas alors suffisante.) Cela suffit pour la fumée, même très épaisse.

Dans les cas difficiles, on augmente le filtrage au moyen d'une dissolution saturée d'acétate de plomb, qui absorbe l'acide carbonique et surtout le terrible acide sulfhydrique des fosses d'aisance.

En raison de l'étendue de la surface filtrante et de la quantité de liquide retenu (environ un demi-litre), le filtrage qu'on obtient est facile et complet.

On peut expérimenter et employer d'autres produits chimiques. Par la position du filtre, les substances plus ou moins toxiques employées ne peuvent arriver à la bouche. Ainsi se trouve écarté le danger d'empoisonnement, défaut capital qui a fait rejeter d'autres appareils présentant d'ailleurs des qualités indiscutables.

Pour éviter la buée sur les verres, dans l'emploi sans refoulement d'air, il faut mouiller complètement les verres à l'intérieur, ce qui se fait aisément, quand on trempe le filtre dans l'eau.

2° Avec refoulement d'air.

Démonter le filtre et monter le tuyau de refoulement directement sur le tube-adducteur au moyen de la pièce de jonction. Le trop plein d'air s'échappe par les bords du masque. On fixe le tuyau de refoulement à l'anneau de la ceinture au moyen du collet.

La pièce de jonction est un petit tuyau de vingt centimètres de long, portant d'un bout une douille que l'on monte sur le tuyau-adducteur, et, de l'autre, le raccord qui convient au tuyau à air.

AVANTAGES DE L'APPAREIL

Filtrage assuré par l'homogénéité et la fixité de la matière filtrante.

Imbibition rapide. Il suffit de tremper le filtre dans le liquide. On peut même le maintenir constamment humide, ce qui l'entretient au lieu de le détériorer. De cette façon, l'on n'a pas à l'humecter au moment de s'en servir, si l'on est pressé.

Possibilité d'employer un produit chimique choisi et d'en expérimenter d'autres, sans aucun danger d'intoxication.

Montage permanent, ce qui est une économie de temps.

Rapidité de l'endosser, sans expérience, ni ajustage préalables : une demi-minute suffit pour le sapeur le plus inexpérimenté.

Légèreté (800 grammes), et encore ce poids est-il porté à la ceinture, ce qui est bien plus commode que sur la tête.

Le tube-adducteur, par sa position, ne peut s'accrocher.

Fixité de l'appareil une fois endossé et liberté absolue des mouvements : un déplacement quelconque du casque n'entraîne aucun déplacement du système.

On est coiffé commodément par son propre casque.

Les verres n'ont rien à craindre des chocs, se trouvant encastrés dans une partie souple.

Emploi facile avec refoulement d'air dans le cas où un filtre ne peut suffire.

Entretien facile : il suffit d'essuyer le masque. Le nettoyage se fait avec la plus grande facilité à l'eau froide ou chaude, pure ou additionnée de savon ou d'un désinfectant quelconque.

L'appareil tient peu de place.

Chaque chef peut avoir le sien personnel. En allant au feu, on se l'attache à la ceinture et on l'a instantanément à sa disposition en cas de besoin.

L'appareil, par son double emploi, avec ou sans refoulement d'air, satisfait à toutes les nécessités de la pratique pour le Sapeur-Pompier.

VIII

L'AIDE AUX POMPIERS

Il est de toute évidence qu'on doit toujours prêter aide aux pompiers, car c'est se rendre utile à tous.

On s'est demandé, par exemple, si par cela même qu'il existe une compagnie régulière de pompiers dans une localité, les citoyens pouvaient (ce cas ne se rencontre évidemment jamais) rester indifférents au moment et sur le lieu même d'un sinistre.

Toute personne requise afin de prêter son concours pour l'extinction des incendies est tenue d'obtempérer à cette réquisition; un Sapeur-Pompier a un caractère public qui lui donne qualité pour faire ces réquisitions au même titre qu'un agent de l'autorité publique. Le Sapeur-Pompier a le droit, en cas d'incendie, de requérir tout ce qu'il juge nécessaire pour faciliter le sauvetage des personnes et l'extinction des incendies, et l'article 475 du Code pénal est suffisamment explicite :

« Seront punis d'amende, depuis 6 francs jusqu'à 12 francs inclusivement.....

» 12° Ceux qui, le pouvant, auraient refusé ou négligé de faire les travaux, le service ou négligé de prêter le secours dont ils auraient été requis dans les circonstances... d'*incendie*. »

Et l'article 478 édicte la peine de l'emprisonnement pendant cinq jours, en cas de récidive, contre toutes les personnes mentionnées en l'article 475.

Par contre, la réquisition des Sapeurs-Pompiers pour un service d'ordre est de droit, d'après le décret réglementaire de 1875.

« Article premier, § 2. — Ils (les corps de Sapeurs-Pompiers) peuvent être appelés exceptionnellement, en cas de sinistres autres que l'incendie, à concourir à un service d'ordre et de sauvetage, et à fournir, avec l'assentiment de l'autorité militaire supérieure, des escortes dans les cérémonies publiques.

» Art. 19, § 2. — Les chefs de corps doivent obtempérer aux réquisitions du maire, du sous-préfet, du préfet ou de l'autorité militaire, qu'il s'agisse soit d'organiser un service d'ordre ou un service d'honneur, soit de porter secours, en cas d'incendie ou autre sinistre, dans les limites ou hors des limites de la commune. »

Tout ceci concerne, bien entendu, les corps *publics* de Sapeurs-Pompiers.

Il y a aussi des corps *privés* qui ne sauraient être requis qu'à titre de simples particuliers et qui deviendraient passibles, suivant les cas, de l'art. 475 du Code pénal.

Il existe, en effet, des compagnies privées et rien ne s'oppose à ce qu'un chef d'industrie, un propriétaire agricole organisent un corps de pompiers spécial. Ils peuvent même donner à leurs hommes un uniforme et les exercer sur leurs domaines ; mais il est interdit d'emprunter les insignes des grades à l'organisation militaire. Sous ce rapport, les circulaires des ministres de la guerre et de la marine sont formelles.

IX

DÉCRET DE RÉORGANISATION DU RÉGIMENT DES SAPEURS-POMPIERS DE PARIS

Le *Journal officiel de la République française* a publié le 8 mai 1892, le décret suivant :

« Le Président de la République française,

» Vu la loi du 13 mars 1875 ;

» Vu les propositions concertées entre le ministre de la guerre et la ville de Paris. sur l'initiative du comité de perfectionnement du régiment des Sapeurs-Pompiers de Paris ;

» Vu les délibérations du Conseil municipal de Paris, des 30 décembre 1891 et 18 mars 1892 ;

» Sur la proposition des ministres de l'intérieur et de la guerre,

» Décrète :

» Art. 1er. — Le tableau n° 9 de la série A de la loi du 13 mars 1875 est remplacé par le tableau ci-après :

État-major. — Officiers.

Colonel, 1 ; chevaux, 2.

Lieutenant-colonel, 1 ; chevaux, 2.

Chefs de bataillon, 2; chevaux, 2.

Major-ingénieur ou major exclusivement, 1 ; cheval, 1 (en aucun cas il ne pourra y avoir deux ingénieurs revêtus en même temps du grade d'officier supérieur).

Ingénieur du grade de capitaine ou de chef de bataillon, 1 ; cheval, 1.

Ingénieur adjoint du grade de lieutenant ou de capitaine (facultatif), 1.

Capitaines adjudants-majors, 2; chevaux, 2.

Capitaine instructeur, 1 ; cheval, 1.

Capitaine trésorier (en activité ou maintenu au corps dans cet emploi spécial, après son admission à la retraite, jusqu'à une limite d'âge maximum de soixante ans), 1.

Capitaine d'habillement (en activité ou maintenu au corps dans cet emploi spécial, après son admission à la retraite, jusqu'à une limite d'âge maximum de soixante ans. Un seul capitaine peut, selon les circonstances, être appelé à remplir les deux fonctions de capitaine trésorier et de capitaine d'habillement), 1.

Médecin-major de 1re classe, 1 ; cheval, 1.

Médecins-majors de 2e classe, 2; chevaux, 2.

Médecin aide-major de 1re classe, 1; cheval, 1.

Total de l'état-major : 16 hommes; 15 chevaux.

Petit état-major. — Troupe.

	Hommes.
Adjudants de bataillon.	2
Adjudant adjoint au trésorier	1
Adjudant garde-magasin.	1
Adjudant chef des ateliers.	1
Chef armurier de 1re classe	1
Sergent secrétaire du colonel.	1
Sergent clairon.	1
Sergent 1er secrétaire du trésorier.	1
Sergent secrétaire de l'habillement.	1
Sergent chef télégraphiste.	1
Sergent secrétaire de l'ingénieur.	1
Sergent sous-chef d'atelier.	1
Sergent dessinateur.	1
A reporter. . .	14

Report. . .	14
Sergent de casernement.	1
Sergent de canalisation.	1
Sergent d'infirmerie.	1
Caporal 2e secrétaire du trésorier.	1
Caporal clairon	1
Total du petit état-major. .	19

Douze compagnies. — Officiers.

	Hommes.
Capitaines.	12
Lieutenants ou sous-lieutenants.	24
Total des officiers. .	36

Douze compagnies. — Troupe.

	Hommes.
Adjudants.	24
Sergents-majors.	12
Sergents	120
Sergents-fourriers	12
Caporaux de 1re classe.	144
Caporaux de 2e classe.	144
Sapeurs de 1re classe.	240
Sapeurs de 2e classe	949
Clairons.	36
Total de la troupe. . . .	1.681

Résumé par grade.

52 officiers.

185 sous-officiers dont 173 pouvant servir comme rengagés ou commissionnés, douze emplois de sous-officier étant réservés à des militaires non rengagés.

290 caporaux.
1,189 sapeurs.
36 clairons.
24 enfants de troupe.
15 chevaux.

» Art. 2. — Seront appelés à remplir les vacances d'emploi d'officiers au corps, de préférence à tous autres, sans autre examen préalable que celui de l'aptitude physique, sans condition de limite d'âge pour les lieutenants et sous-lieutenants, et sans que cette limite puisse dépasser quarante-cinq ans pour les capitaines, les officiers ayant servi antérieurement au régiment et ayant été l'objet, au moment de leur sortie du corps, d'une déclaration du colonel, transmise hiérarchiquement au ministre de la guerre et constatant leur aptitude spéciale ainsi que leur bonne manière de servir. L'examen d'aptitude physique précédera la rentrée au corps et sera passé devant la commission instituée pour les examens prévus à l'article 3, à laquelle serai adjoint le médecin chef du régiment avec voix délibérative.

LIEUTENANT (tenue de feu.)

» La disposition qui précède est applicable aux sous-officiers du corps qui seront admis par la voie du concours à l'école militaire d'infanterie, sans que leur proportion puisse dépasser les trois quarts du cadre des lieu tenants et sous-lieutenants (18).

» Art. 3. — A défaut de candidats rentrant dans les conditions prévues par l'article qui précède, les officiers qui demanderont à être admis au corps des Sapeurs-Pompiers seront soumis, comme par le passé, aux examens d'aptitude et aux conditions d'âge suivantes : sous-lieutenants, vingt-huit ans ; lieutenants, trente ans ; capitaines, trente-huit ans.

» ART. 4. — L'arrêté du chef du pouvoir excécutif du 25 juillet 1871 est abrogé.

» ART. 5. — Le président du conseil, ministre de l'intérieur, et le ministre de la guerre sont chargés, chacun en ce qui le concerne, de l'exécution du présent décret.

» Fait à Paris, le 28 avril 1892.

» CARNOT.

» Par le Président de la république :

» *Le président du conseil,*
» *ministre de l'intérieur,*
» ÉMILE LOUBET.

» *Le ministre de la guerre,*
» C. DE FREYCINET. »

Ce nouveau décret est très important, car il comporte l'abrogation d'un arrêté qui date de 1871 ainsi conçu :

« Les lieutenants du régiment de Sapeurs-Pompiers de Paris qui seront promus au grade de capitaine passeront, le même jour, dans un corps d'infanterie, par permutation avec le capitaine proposé pour un emploi de ce grade dans les Sapeurs-Pompiers. »

C'était absurde ; car lorsqu'un officier possédait fort bien la science du feu et qu'on lui donnait de nouveaux galons, il quittait le service où l'on avait apprécié ses aptitudes et rentrait dans un corps où il n'en avait plus l'emploi.

Cette chinoiserie va cesser. Quand un officier de pompiers montera en grade, il ne sera point forcé de permuter ; il continuera un métier dans lequel il s'est distingué et nous n'en serons que mieux servis. Les perfectionnements adoptés intéressent au plus haut point la sécurité de la population parisienne. Comme l'a dit très bien le rapporteur l'an passé :

« La défense des existences humaines et des richesses générales contre le feu dépend en effet, directement, non pas tant des sacrifices consentis par la municipalité que de la compétence technique et de l'expérience professionnelle de ceux qui sont chargés de ce service public.

» Donner aux pompiers de la ville de Paris cette compétence technique et cette expérience professionnelle par un recrutement rationnel et par une sélection appropriée au but à atteindre, sans rompre le lien qui rattache ce corps militaire à l'ensemble de l'armée française dont il fait partie, est un problème complexe qu'il importait de résoudre. »

Qu'en coûte-t-il à Paris? pour être servi de la sorte, la somme de *deux millions sept cent mille francs.*

Les officiers sur cette somme reçoivent 300,000 francs et la troupe 1,660,000 francs.

Le reste de ce chiffre est absorbé par le matériel et les frais accessoires.

Ce qu'ont d'éloquent ces chiffres, c'est qu'ils ne diffèrent point de ceux des années précédentes.

La création des cinquante-quatre nouveaux emplois de sous-officiers a pour conséquence heureuse d'ajouter, dans une mesure très notable, à la valeur du personnel, et de mieux assurer le rengagement des caporaux et sapeurs sans entraîner aucune augmentation dans les dépenses annuelles prévues pour le personnel, personnel qui ne saurait jamais être exercé avec trop de soin.

Nos engins, tout en étant des instruments de grande puissance, sont d'un maniement délicat, et leur fonctionnement réclame une intelligence et une expérience réelles de la part de ceux qui sont appelés à en diriger la manœuvre.

Disons à ce propos que la commission nommée à l'effet d'étudier le service des incendies dans les principales capitales de l'Europe, est revenue pénétrée de cette idée que Paris n'a rien à leur envier.

Ce qu'il faut aussi faire remarquer avec soin dans cette

organisation, c'est que, supérieure à celle de la plupart des autres pays, elle est encore moins coûteuse.

Chaque parisien paie pour son service d'incendie de 1 fr. 15 à 1 fr. 20.

A Vienne, le prix de revient est de 2 fr. 15 par habitant.

A Saint-Pétersbourg, il est de 1 fr. 80; il faut aussi ajouter qu'en Russie, les corps de Sapeurs-Pompiers bénéficient, d'autre part, de produits assez importants qui viennent augmenter leur budget : rémunérations diverses de la part de certains particuliers, vente de matériel construit pour le compte des communes, etc.

A Londres, le corps des Sapeurs-Pompiers proprement dit n'est que le corps des Sapeurs-Pompiers de la Cité, en supposant que la Cité représente le cinquième de la population totale de Londres, le prix du service d'incendie se monterait donc à 4 francs par tête d'habitant; — d'un autre côté, les Compagnies d'assurances augmentent encore ces ressources par un apport considérable et, toutes les fois que le corps des Sapeurs-Pompiers porte ses secours au dehors de la Cité, il a droit à une indemnité spéciale pour le service fourni.

A New-York et à Chicago, les frais du service d'incendie s'élèvent à la somme de 5 fr. 50 à 6 fr. par habitant.

On n'a pas si souvent l'occasion de constater qu'on est en France bien servi à peu de frais; pour une fois que cela arrive, disons-le bien haut.

X

LES PROGRÈS A PARIS

De grands progrès ont été réalisés à Paris depuis quelques années. Nous en voyons la preuve concluante dans cet article que les journaux publiaient le 16 septembre 1892.

« Il vient d'arriver à Paris une chose tout à fait extraordinaire, à quoi le public et la presse n'accordent pas, semble-t-il, toute l'attention qu'elle mérite. Une explosion de gaz, accompagnée d'un commencement d'incendie, s'est produite dans un théâtre empli jusqu'aux cintres de spectateurs, à l'heure même où la représentation allait commencer, et il n'y a pas eu un accident grave. Quatre ouvriers électriciens ou gaziers, légèrement brûlés, sont dès maintenant dans un état très satisfaisant. Non seulement les quelques centaines de personnes entassées dans la salle du théâtre Cluny ont été préservées, mais à aucun moment elles n'ont couru le moindre danger; il n'y a eu ni panique, ni confusion; l'évacuation s'est faite tranquillement, chacun a repris au vestiaire ses vêtements, au contrôle le prix versé pour sa place, et les derniers sortis n'ont appris ce qui se passait dans les dessous qu'en voyant courir les pompiers.

» Sans doute, ce résultat merveilleux s'explique en partie précisément par le fait que, le rideau n'étant pas encore levé au moment de l'accident, les spectateurs n'ont rien vu et sont demeurés totalement étrangers à l'émotion qui régnait dans les coulisses. Mais, à examiner de près, dans ses menues péripéties, l'aventure, on voit bien que, même si cette circonstance heureuse ne s'était pas présentée, le péril n'eût jamais pu devenir bien grand. C'est, qu'en réalité, tout a marché comme sur des roulettes. En un clin d'œil, la salle a été complétement isolée de la scène et celle-ci inondée. Il y avait un rideau de fer, un appareil de grand secours; on a déclanché l'un, ouvert l'autre et, chose positivement incroyable, qui semble se passer dans les Électropolis fabuleuses décrites par J. Verne, tous deux se sont trouvés en état de fonctionner.

SAPEUR
(tenue de grand'garde.)

» Si vous songez qu'enfin les pompes à vapeur, appelées par l'avertisseur électro-téléphonique installé aux portes mêmes du théâtre, sont arrivées presque instantanément, vous serez bien obligés de convenir qu'en fait de protection contre le feu, nous avons accompli de *rudes progrès depuis la catastrophe de l'Opéra-Comique*. En somme, c'est la première fois que le plan général de défense, élaboré par la commission des théâtres, a été appliqué dans des conditions qui permettent d'en juger définitivement la valeur. L'expérience a été aussi favorable que possible. Les Parisiens ne seront pas fâchés de le savoir. »

APPENDICE

UNE MESURE DE POLICE

En 1891, le colonel commandant les Sapeurs-Pompiers de la ville de Paris demandait que *les plans des caves et des sous-sols des maisons* fussent établis et déposés dans la loge du concierge de chaque maison.

Personne n'ignore les accidents épouvantables auxquels donnent trop souvent lieu l'absence de tout renseignement sur les dispositions des caves et sous-sols, leur appropriation, et surtout sur les matières inflammables que peuvent contenir les sous-sols parisiens.

Pour donner suite à la demande du colonel, on vient de publier, à Paris, l'avis suivant :

MESURES DE PRÉCAUTION CONTRE L'INCENDIE

Plan des caves.

AVIS

Pour prévenir les accidents qui se produisent fréquemment dans les feux de caves, et pour assurer dans la mesure du possible la prompte découverte du foyer d'incendie, il est indispensable que les Sapeurs-Pompiers soient bien renseignés sur la disposition des caves, leur affectation et leur contenu.

Messieurs les propriétaires sont, en conséquence, invités à déposer un plan précis des caves et sous-sols de leurs immeubles chez les concierges, où les Sapeurs-Pompiers, appelés en cas de feu, pourront les consulter.

Le préfet de police,
LOZÉ.

LES POMPIERS ET LES COMPAGNIES D'ASSURANCES

On sait que les frais d'entretien des compagnies de sapeurs et de leur matériel : pompes, toiles, échelles, tuyaux, seaux et autres engins, incombent aux communes. Ces charges sont assez lourdes et les grandes villes peuvent seules les supporter parce qu'elles ont un budget de recettes alimenté par des ressources sérieuses, telles que l'octroi, par exemple ; et la statistique vient à l'appui de cette assertion en nous apprenant que, sur les 36,000 communes de France, il y en a 24,000 qui n'ont pas de matériel d'incendie parce qu'elles ont été jusqu'ici dans l'impossibilité de l'acquérir faute des fonds nécessaires.

Sur les 1,570 communes qui composent le Pas-de-Calais et le Nord, il y en a donc un nombre assez élevé dans ce dernier cas : certes, des villes comme Boulogne, Arras, Calais, Béthune, Lille, Roubaix, Tourcoing, Dunkerque, Valenciennes, Douai et d'autres encore, un peu moins importantes, peuvent subvenir à l'entretien des pompiers et de leur matériel; mais, à côté de ces centres, il y a une quantité de petites communes qu'il ne faut pas oublier et dont la situation est des plus intéressantes ; c'est sans doute en pensant à elles que, tout récemment, le maire d'un village de Seine-et-Oise a pris l'initiative de faire adopter par son

Conseil municipal un vœu demandant « qu'à l'avenir, les frais (dont nous parlons plus haut) fussent à la charge des Compagnies d'Assurances contre l'incendie. »

Ce vœu a été envoyé au Parlement et il aura du retentissement; déjà, en effet, au Congrès de 1889, la Fédération des officiers de pompiers de France et d'Algérie s'était occupée de la question; mais ce n'était qu'un Congrès et il ne pouvait pas trancher la difficulté. Plus tard, le Conseil général du Nord et ceux du Rhône et de la Savoie ont également abordé le problème. mais aucune solution favorable n'est intervenue, et les vœux émis à ce sujet n'ont malheureusement pas encore abouti; les Chambres ont un ordre du jour fort chargé, et on ne saurait dire à quel moment elles pourront avoir le loisir de discuter la question, qui, pourtant, est urgente; en attendant, il n'est pas sans intérêt de faire connaître le système qu'on voudrait voir adopter pour parvenir à doter les communes pauvres qui sont dépourvues de matériel d'incendie.

D'après le projet à l'étude, « on percevrait une taxe spéciale sur l'ensemble des primes nettes recueillies par les Compagnies d'assurances, et le montant de cette sorte d'impôt serait réparti annuellement à titre de subvention aux communes pour l'entretien ou l'achat de matériel de secours, et pour le service des sapeurs-pompiers municipaux. »

Telle est l'idée, qui semble fort juste; les Compagnies sont, en effet, les premières intéressées à ce que les sinistres, lorsqu'il en éclate, ne s'étendent pas, et si les pompiers n'existaient pas, elles devraient les créer dans le but de limiter leurs risques pécuniaires; et elles l'ont si bien compris que l'une d'elles entretient le matériel de plus de 300 communes; mais c'est une goutte d'eau dans la mer; une Compagnie ne peut pas tout faire : et il y a 23,700 autres communes à pourvoir. Or, on a calculé que le montant des primes encaissées annuellement par les Compagnies s'élevait à 140 millions environ : en frappant ce capital d'une taxe de 3 °/o, cela ferait une somme de 4,200,000 fr. à répartir entre les 24,000 communes qui n'ont pas de matériel d'incendie; chacune recevrait de ce chef une subvention de 175 francs.

Se voyant aidées, les communes seraient encouragées et voteraient de leur côté quelques petits crédits, et, au bout de quelques années, elles auraient un matériel complet d'incendie qu'il suffirait d'entretenir : on sait que les sinistres sont assez fréquents dans notre région et que souvent tout est brûlé faute de secours; or, dans l'intérêt des particuliers et des Compagnies, il importe d'arriver le plus vite possible à combattre le fléau avec toute l'efficacité, la puissance et la promptitude exigées, afin d'éviter, pour les uns et les autres, les risques et les pertes élevées; il est donc à souhaiter que le système de la taxe qui aidera à résoudre le problème en question aboutisse et soit appliqué dans le plus bref délai; et nous ne ferons en cela qu'imiter l'exemple de nos voisines la Belgique et l'Angleterre, où la taxe existe déjà; l'Amérique, la Suisse et la Suède l'ont également adoptée et s'en trouvent fort bien. (1).

Qu'attendons-nous?

(1) La *France du Nord*.

ÉCHELLE DE SAUVETAGE DU LIEUTENANT DRAULLETTE

DEUXIÈME PARTIE

I

LES GRANDS INCENDIES

On pourrait écrire un livre tout entier rien qu'en donnant la liste des incendies que l'histoire nous a conservée.

Les XVIIe et XVIIIe siècles, pour parler des faits les plus rapprochés de nous, fournissent à la statistique une longue et douloureuse énumération.

Parlons d'abord de quelques incendies du XVIIIe siècle :

L'ancien Hôtel-Dieu eut à souffrir de l'incendie.

Le 2 août 1737, un incendie, qui s'était déclaré dans le grenier à chiffons, détruisit les bâtiments situés entre le carré Saint-Denis et l'archevêché.

Le 30 décembre 1772, éclata ce *terrible incendie* qui fut un événement si considérable au XVIIIe siècle. Il *dura onze jours* et *consuma* toute la partie de l'Hôtel-Dieu comprise entre la rue du Petit-Pont et le carré Saint-Denis.

Un grand nombre de malades, surpris dans leur lit, périrent dans les flammes. L'archevêque de Paris, qui était accouru un des premiers pour organiser le sauvetage, fit ouvrir toutes grandes les portes de Notre-Dame pour y recueillir les malheureux qui fuyaient complètement nus.

D'après le placet présenté au roi le 26 janvier 1773, les pertes s'élevèrent à la somme de 1,010,202 livres (1).

(1) *Notre-Dame, l'Hôtel-Dieu*, par Édouard Drumont (*Paris à travers les âges*).

En 1762, le matériel de la foire Saint-Germain fut entièrement consumé; les capucins du couvent du faubourg Saint-Jacques accoururent, mais malgré leur dévouement, ils ne purent sauver qu'une partie des marchandises et préserver le voisinage (1).

En 1776, un nouveau grand incendie détruisit une grande partie du Palais de Justice.

Les oratoriens et les capucins, faisant office de pompiers, se firent remarquer par leur activité et leur dévouement, mais malgré tous les efforts, toute la galerie s'étendant depuis la prison jusqu'à la sainte chapelle fut détruite.

Il y aurait une longue et épouvantable statistique à écrire. Établissons-la seulement pour quelques-unes des dernières années, et nous verrons que la liste en est déjà bien cruelle.

En 1876, le théâtre des Arts de Rouen fut détruit par l'incendie, et dix personnes périrent dans les flammes.

En 1879, le théâtre de la Perle à Alger fut incendié ; il y eut vingt victimes.

En 1880, c'est le tour du théâtre des Célestins à Lyon ; il est presque entièrement consumé.

La même année, le théâtre des Variétés de Perpignan est entièrement détruit par le feu.

Le 23 mars 1881, un incendie terrible éclate au théâtre de Nice; soixante-dix personnes périssent, soit brûlées, soit asphyxiées.

La même année, il y a quatre cents blessés au théâtre de Montpellier.

En 1882, le théâtre National d'Alger est brûlé entièrement et il y a une vingtaine de victimes sous ses décombres.

En 1883, le feu prend au théâtre de Tours, et en 1884 aux théâtres de Tarascon et de la Renaissance à Nîmes.

A l'étranger, de nombreux théâtres ont été aussi incendiés. Mentionnons parmi ces derniers :

(1) C'est à dater de cette époque que la ville de Paris demanda un certain nombre de soldats spécialement désignés. Cette milice d'une centaine d'hommes au plus faisait le service.

FEU D'USINE (1883)

En 1874, l'incendie de l'Olympic-Théâtre de Philadelphie.

En 1876, l'incendie du théâtre de Brooklyn près New-York, où trois cents personnes périrent dans les flammes.

En 1877, l'incendie de l'Opéra de New-York, avec dix victimes.

En 1881, l'incendie du théâtre de Prague.

En 1881, le 8 décembre, l'épouvantable incendie du Ring-Théâtre de Vienne, où quatre cent cinquante-sept personnes périrent dans les flammes, sans compter les nombreux blessés.

En 1882, les incendies des théâtres d'Hiver à Saint-Pétersbourg, de Phalère à Athènes, de l'Arcadia à Saint-Pétersbourg, de Belton (Amérique).

En 1883, l'incendie du cirque Berdrichsebeff à Saint-Pétersbourg, qui fit deux cent soixante-sept victimes.

En 1885, le théâtre de Szegedin (Hongrie) s'écroule dans les flammes.

En 1887, a lieu l'effrayant incendie du théâtre d'Exeter (Angleterre), où cent trente personnes périrent dans les flammes et où il y eut de nombreux blessés.

En 1888, eurent lieu les nombreux incendies des théâtres de Jassy (Roumanie), de l'Union-Square à New-York, de Porto (cent cinquante victimes), de Kiew (Russie), de Dundee (Écosse), de l'Alhambra d'Anvers, de Coste à Charleroi (Belgique), etc.

Arrêtons ici cette liste déjà trop longue et bien cruelle à consulter, car elle est effrayante.

La liste des *théâtres incendiés* à Paris est d'ailleurs assez longue.

A deux reprises différentes, le théâtre de l'Odéon a été détruit de fond en comble : le 18 mars 1799 et le 20 mars 1818.

Le cirque du Palais-Royal, qui a successivement porté les noms de Veillées de Thalie, Lycée des Arts, Opéra-Bouffon, fut anéanti complètement par un incendie le 16 décembre 1798.

Sous la Terreur, brûlèrent les Variétés amusantes, appelées aussi théâtre de Lazoni, et situées boulevard du Temple. On sait que le célèbre Lazoni trouva la mort dans les flammes.

Le théâtre Joly fut incendié en 1843 (1).

En 1838, l'ancien Vaudeville fut la proie des flammes. Il s'appelait alors théâtre de la rue de Chartres.

Au printemps de l'année 1870, quelque temps avant la guerre, le cirque de l'Hippodrome, situé près de l'Arc de Triomphe de l'Étoile, fut incendié.

On peut encore ajouter à cette liste pour Paris, le théâtre de la porte Saint-Martin, le théâtre lyrique de la place du Châtelet, les Délassements comiques du boulevard du Prince-Eugène, qui furent incendiés par les communards en 1871 ; l'Opéra, qui se trouvait alors rue Lepelletier, incendié en 1873 (2).

Pour la province, mentionnons les catastrophes du grand théâtre de Nice, du théâtre des Arts à Rouen, et à l'étranger la grande catastrophe du Ring-Théâtre de Vienne (Autriche).

En dehors des théâtres, les dernières statistiques pour la province et l'étranger sont aussi effrayantes. Citons quelques-uns de ces grands sinistres :

(1) Ce théâtre fut construit le 30 janvier 1829, dans le passage de l'Opéra ; on y joua d'abord les marionnettes. Depuis 1830, on y a fait jouer la comédie par des enfants, comme chez Comte.

(2) L'opéra fut joué pour la première fois au Jeu de Paume, rue Mazarine, en 1671. En 1672, il fut construit un théâtre de l'Opéra, rue de Vaugirard, au Jeu de Paume. En 1673, le roi céda la salle du Palais-Royal, où était le Théâtre-Français, pour en faire la salle de l'Opéra. Pendant près d'un siècle elle a eu cette destination. *Cette salle fut brûlée* le 6 avril 1763 ; elle fut reconstruite et rendue au public le 26 janvier 1770 ; elle *fut de nouveau incendiée* le 8 juin 1781. Après ce nouvel incident, l'Opéra fut transporté là où est aujourd'hui le théâtre de la Porte-Saint-Martin, et il y joua pendant dix ans. En 1791, l'Opéra fut transporté dans la rue Richelieu, en face de la Bibliothèque (dans la salle construite par Mlle Montausier) ; il occupa cet emplacement jusqu'à l'assassinat du duc de Berry, consommé le 12 février 1820, à la sortie de ce spectacle. Ce théâtre fut démoli après cet événement, et l'Opéra fut transporté, le 18 août 1823, dans la salle construite à cet effet, rue Lepelletier.

En 1878, un incendie éclate dans une filature à Morlaix, détruit tout un faubourg et fait vingt-deux victimes :

En 1879, dans l'Allier, au Vernet, tout, à l'exception de quelques maisons, est détruit.

La même année, les villages de Pau (Savoie), Montaimont (Haute-Saône), Azet (Ariège), sont complètement détruits par les flammes.

En 1881, tout un quartier de Valence (Drôme) est incendié.

Quillion, dans le Morbihan, est entièrement brûlé en 1882.

En 1877, la ville d'Airolo en Suisse est totalement détruite.

En 1879, à Szegedin (Hongrie), on voit toute la partie de la ville, épargnée par un incendie précédent, réduite en cendres.

Bosava (Pologne), en 1880, disparaît entièrement dans les flammes.

En 1883, tout un quartier de Londres, Queen's Road et Westbournegrove, et un faubourg entier de Constantinople sont complètement incendiés.

En 1884, il y a, à Port-Saïd, six mille cinq cents personnes sans abri par suite de l'incendie du quartier arabe.

En 1888, la ville de Dychnow, près de Lemberg, en Autriche, est la proie des flammes; et la même année, à Oremburg, en Russie, il y a douze mille familles sans domicile par suite de l'incendie de la ville.

C'est un véritable martyrologe que cette nomenclature !

Mais veut-on se faire une idée réellement saisissante des désastres sans nombre, des ruines, des pertes cruelles, des catastrophes que peut entraîner un grand incendie? On n'a qu'à se rappeler cet épouvantable incendie de l'Opéra-Comique (1).

Le *Figaro*, en particulier, en a fait un tableau si saisissant que les larmes montent aux yeux en le lisant.

(1) L'Opéra-Comique date de 1714; la troupe jouait en plein vent. Plus tard il prit de l'extension, excita la jalousie des comédiens ordinaires du Roi, et fut fermé. Il rouvrit en 1721, et fut refermé en 1745, puis rouvert en 1750; il devint le spectacle à la mode. En 1762, il s'installa à l'hôtel de Bourgogne,, et y resta jusqu'en 1783. De là, il alla boulevard des Italiens, salle Favart. En 1790, il alla rue Feydeau. En 1826, ce théâtre fut remplacé par le théâtre de la Bourse, dit *des Nouveautés*, où joua l'Opéra-Comique. Il alla ensuite pendant quatre ans dans la salle Ventadour; en 1831 il revint à la Bourse, et enfin, en 1838, après l'incendie de Favart, ce théâtre fut relevé sur de nouvelles bases et affecté à l'Opéra-Comique.

II

INCENDIE DE L'OPÉRA-COMIQUE (1)

DÉCLARATION DU MÉDECIN DE SERVICE

Mercredi soir, le médecin de service à l'Opéra-Comique était M. le docteur Alfred Guillon, placé aux fauteuils de balcon. Le docteur vit, un des premiers, une lueur assez vive dans les frises de la scène; mais comme les artistes ne paraissaient pas inquiets, il ne bougea pas de sa place.

Il s'aperçut néanmoins que des flammèches tombaient sur la scène. M. Soulacroix emmenait Mlle Merguillier.

Le docteur allait se lever pour se rendre auprès des artistes, lorsqu'un commencement de panique se produisit dans la salle; les loges se vidaient.

M. Taskin, qui a eu dans cet effroyable moment un sang-froid admirable, adressa, comme nous l'avons dit, au public, quelques paroles rassurantes que M. le docteur Guillon répéta aux spectateurs qui l'entouraient. Il leur recommanda le calme, et de ce côté de la salle l'évacuation se fit sans désordre.

M. Alfred Guillon, qui sortit un des derniers, s'étonnait qu'on ne fît pas baisser le rideau de fer qui sépare la scène de la salle. Ce rideau eût certainement empêché le courant d'air qui s'établit entre le dessus du lustre et la scène. Le

(1) Le *Figaro*, 27 mai 1887.

tirage, au contraire, appela les flammes aux galeries dont le feu fut bientôt maître.

M. Guillon donna les premiers soins aux spectateurs à demi asphyxiés qui avaient pu descendre, et les fit transporter au dehors. Puis il se rendit à la pharmacie Mialhe, où quelques minutes après on apportait des morts et des blessés. C'est dans cette pharmacie que les autres médecins du théâtre vinrent le rejoindre et purent le suppléer au moment où, s'étant pris le pied dans une bouche d'eau, il tombait en s'abîmant le genou. M. Guillon fils, étudiant en médecine, était également venu à la première nouvelle du sinistre apporter son concours à son père.

La première personne qu'on a amenée dans la pharmacie Mialhe était une figurante qui donnait encore quelques signes de vie, mais qui succomba au bout de quelques minutes.

DÉCLARATION DU DOCTEUR TREILLE

Médecin de marine.

J'étais avec ma femme et mon fils, âgé de sept ans, dans l'avant-scène 28, qui est entre la scène et la rampe. Au moment précis où Mlle Simonnet vient de chanter : « De t'obéir enfin je suis lasse…, » un morceau de carton peint enflammé, ayant à peu près vingt-cinq centimètres carrés, tombe sur la scène. Quarante secondes ne s'écoulent pas, qu'une volige de bois peint, longue d'un mètre, s'abat toute rouge devant le trou du souffleur.

Une centaine de spectateurs se lèvent et sortent.

C'est alors que Taskin dit textuellement :

— Je vous en prie, Mesdames, Messieurs, n'ayez pas peur. Nous ne resterions pas ici s'il y avait du danger.

J'estime que, par son sang-froid, M. Taskin a peut-être sauvé trois cents personnes. Il n'y aurait pas de croix mieux placée que celle qui serait sur sa poitrine. Grâce à ses paroles, on ne sortit d'abord qu'un à un.

Moi-même, j'ai recommandé le sang-froid aux spectateurs qui étaient placés sous mon avant-scène. Ma femme et mon fils s'étaient levés. Je les ai fait se rasseoir. D'après moi, les deux tiers des spectateurs étaient alors absolument calmes; la panique commençait à gagner l'autre tiers.

FEU DE BATIMENT (QUARTIER DES GOBELINS)

Tout à coup un panache de fumée épaisse traverse la scène; une longue langue de flammes emporte en un clin d'œil tous les ciels; une fumée noire envahit la salle; des flammes lèchent les corniches des avant-scènes.

Alors tout le monde se sauve, affolé. J'emmène rapidement ma femme et mon fils! Dans les escaliers, on se bat pour gagner plus tôt la sortie.

Sous la porte, un jeune homme tout pâle, nu-tête, vient sur moi et me crie, au comble du désespoir :

— Ma mère et ma sœur qui sont là-dedans!

Je crois prudent de le calmer, et bien que ne les connaissant pas, je lui dis froidement :

— Mais non, elles sont sauvées. Courez chez vous. Elles doivent y être.

Il paraît me croire, comme s'il était suggestionné, et disparaît du côté du boulevard.

Déjà les rues Favart et Marivaux étaient pleines de monde.

Nous partons par la rue du Quatre-Septembre.

A LA MAIRIE DROUOT

C'est hier, à dix heures et demie. La porte extérieure est assiégée de personnes qui, sachant qu'il y a six cadavres dans la grande salle du poste de police, voudraient y pénétrer.

Dans la cour sont une cinquantaine d'artistes, de parents et d'amis qui demandent, tout anxieux, à voir les corps, parmi lesquels ils redoutent de reconnaître une sœur, un mari. La porte du poste est sévèrement gardée. Il y a en ce moment deux familles qui examinent les corps, et M. Honnorat, inspecteur divisionnaire, veut attendre qu'elles soient parties pour en laisser pénétrer d'autres.

Les six corps sont placés à côté l'un de l'autre dans le coin à gauche. Chacun d'eux est enveloppé dans un drap. Les têtes seules sont à l'air. On n'ouvre les draps que quand un intéressé le demande. Le spectacle est horrible.

On dirait les statues en bronze d'autant de suppliciés. Les têtes sont toutes noires, les lèvres retournées comme pour une suprême aspiration.

Un docteur est là, qui aide les parents à reconnaître les corps. Au moment où nous approchons, il lève devant une mère la tête d'une jeune fille.

La pauvre femme a tant de larmes qu'elle ne peut rien voir. En tout cas, le visage est méconnaissable.

— Elle avait les yeux noirs, Monsieur, regardez.

Le docteur essaie d'enlever la suie qui couvre l'un des yeux. Les paupières lui restent aux doigts. C'est horrible.

La jeune fille a les yeux convulsés et tout blancs.

Le docteur alors lève le drap. La robe est en lambeaux. Le docteur prend un morceau de dentelle qui se détache tout à fait. Il le tend à la mère. Elle ne le reconnaît pas. On lui montre un autre corps.

Il y en a un que le drap moule absolument et qui, juvénile et tout gracieux, semble dormir.

Un autre a les jambes et les bras écartés et raides comme du bois.

Parmi ces corps déjà reconnus et dont les noms sont plus loin, est celui de Paul Charles, habilleur de MM. Mouliérat et Grivot.

Paul Charles a vingt-deux ans. Dans la cour est sa maîtresse, une toute jeune fille qui sanglotte et se tord dans les bras de M. Grivot :

— Ah! j'en mourrai! Je ne veux plus vivre!

A côté d'elle est une femme de trente ans à peu près qui attend qu'on la laisse entrer dans le poste. Sa sœur était figurante à l'Opéra-Comique. Pour la première fois, elle n'est pas rentrée de la nuit.

Dès qu'un agent sort du poste, elle lui crie :

— Regardez, Monsieur, je vous en prie, elle doit avoir au bras son bracelet en argent, tout tourné.

— Êtes-vous allée au poste de la rue Richelieu ?

— Oui, elle n'y était pas.

Elle dit cela entre des hoquets. Tout à coup elle tombe à la renverse. Deux jets de sang lui partent du nez.

DANS LA SALLE

On ne nous a permis qu'à deux heures d'entrer dans le théâtre. Nous montons par le grand péristyle tout encombré d'oripeaux de théâtre, de sièges dorés, de débris multiples. Au-dessus de cet amas de choses diverses a été jeté un tambourin.

Le sol du vestibule *disparait* sous dix centimètres de boue.

Nous montons par l'escalier des premières loges et arrivons au premier palier.

Là nous attend un spectacle horrible.

En faisant, le matin, leurs fouilles, les pompiers ont découvert des cadavres de spectateurs. Les sapeurs qui sont placés au haut de l'escalier sont en train de les descendre du troisième étage.

Sur les marches, il y en a déjà onze, huit de femmes et trois d'hommes.

Juste entre nos pieds est la tête de l'un de ces derniers. Les visages sont aussi noirs que les vêtements, mais quelques-uns ont été déchirés par les décombres. Les mains sont généralement fermées et nous semblent rapetissées.

La plupart des toilettes sont élégantes. Toutes les femmes ont des bijoux. Au milieu des corps est celui d'une ouvreuse. Tout à coup, un des pompiers pousse un cri. Il appelle ses camarades. Il vient de passer une corde autour de la taille d'une jeune fille et la descend au milieu des autres.

A ce cri d'appel, deux pompiers s'approchent et lèvent les bras pour recevoir la malheureuse qui, toute raide, se balance au-dessus de nos têtes. Ces derniers la prennent, la détachent et viennent la placer à côté des autres.

Ce cadavre d'enfant est également tout noir. La face, tuméfiée, est enflée.

Mais il y en a encore plus de dix à descendre. Ne voulant point gêner les mouvements des pompiers, nous nous dirigeons vers l'autre escalier, celui de gauche. Pour traverser le péristyle, on est forcé d'ouvrir un parapluie. De l'étage supérieur, à travers le plafond, tombe une pluie abondante et gluante.

Nous arrivons au premier palier, très accessible, puis au second qu'encombrent peu à peu les gravois. Nous montons sur ces derniers et voyons alors tout l'horrible spectacle des ruines. Les murs extérieurs seuls sont debout. La salle tout entière s'est effondrée. Jamais nous n'aurions cru que le sommet de l'édifice pût fournir tant de décombres! Les débris dépassent la hauteur d'un deuxième étage.

Mais c'est tout ce qu'on peut voir de ce côté. Nous redescendons.

On ne laissera plus personne passer sous le péristyle dont les eaux ont, croit-on, miné le plafond qui pourrait s'effondrer d'un instant à l'autre.

LES RUINES

A cinq heures, M. Gragnon (1) revient pour la troisième fois sur la place Favart. Malgré les dangers qu'on lui signale, il tient à visiter l'intérieur de la salle ou du moins ce qu'il en reste, pour se rendre un compte exact de tous les dégâts.

Il veut bien nous autoriser à l'accompagner avec les architectes et nous commençons avec lui cette ascension assez pénible.

Le seul escalier dont l'accès soit possible, ou à peu près, est celui des machinistes et de la figuration, rue Marivaux, en face l'entrée du Café Anglais, à côté du bureau ordinaire de la location. Nous entrons. Obscurité complète. Un sergent des pompiers nous guide avec un falot allumé. On se heurte à chaque marche dans cet escalier qui serpente et on ne peut s'empêcher de penser aux difficultés sans nombre

(1) Alors préfet de police.

que les malheureux ont dû rencontrer dans leur fuite.

Au premier étage, une baie ouverte à coups de pioche nous permet d'entrevoir la scène. La scène? il n'y a rien, rien, rien! Quelques poutres fumantes qui tombent et une sorte de précipice d'où s'élève une fumée épaisse et noire qui vous prend à la gorge et vous force à fermer les yeux.

Mais l'ascension continue.

Nous arrivons au second étage. Les loges des artistes sont à peu près intactes, les portes seules en sont brûlées.

Nous continuons encore à monter le même escalier, à la lueur de la lanterne du pompier et de quelques allumettes.

Mon voisin, le peintre Gervex, qui marche dans une grande flaque d'eau noire, nous fait remarquer, jetés à la nâte contre les murs du palier, au troisième étage, une vingtaine de fusils de bois et un parapluie qui fument encore.

Nous prenons un long couloir, nous traversons toutes les salles de la figuration : leur désordre est singulièrement attristant. Des chaises renversées, çà et là des casques, des culottes, des chapeaux, des parapluies, ici une perruque jetée dans une cuvette pleine de rouge; une glace brisée; toutes les vitres défoncées comme les portes et le plancher couvert d'eau. Au quatrième, au cinquième, même spectacle : plus nous montons, plus les marches de l'escalier, encombrées de gravois et peu solides, cèdent sous les pas. Un bond et nous voilà enfin, passant au travers d'une fenêtre, sur la corniche qui dominait tout le théâtre.

Le sinistre apparaît alors dans toute son horreur.

Ces ruines sont étranges, affreuses, indescriptibles, et sur les murs encore brûlants un frisson de froid vous envahit.

L'effondrement est complet. On dirait un immense cirque dans lequel, au centre, un immense amas de pierre a été jeté. Il n'y a plus de traces de loges, de fauteuils, de couloirs, de planchers, d'escaliers, il n'y a plus rien : les galeries en feu sont tombées sur les loges, les loges sur les baignoires, et les baignoires ont disparu brûlées dans les sous-sols.

Au milieu de ces décombres qui fument, on aperçoit une

harpe, un tambour de basque crevé, un tas de fauteuils, quelques meubles calcinés, des accessoires méconnaissables, et un peu partout d'immenses poutres de fer tombées debout dans les décombres et tordues comme des fils.

Spectacle atrocement grandiose.

Il est malheureusement probable que, dans le désarroi de la sortie, des quantités de personnes n'ont pu fuir en temps utile des galeries supérieures et sont restées ensevelies dans les décombres.

M. Gragnon donne tous les ordres nécessaires pour faire enlever le plus rapidement possible tous ces décombres. Il semble cependant que nul pied humain ne pourra plus se poser sur ces planches effondrées, tant est grand le désordre de ces pierres et de ces planches.

De la toiture, il ne reste que des arcs concentriques autour desquels dansent encore des flammes et sous lesquels le brassier s'anime de seconde en seconde, ici plus ardent, là plus faible en apparence, mais plus dangereux toutefois, car il couve. Et soudain, quand on est arrivé au sommet de cette corniche qui s'effrite, on ne sait comment on voit, sur une cheminée qui menace de tomber à chaque instant, se découper vigoureuse, avec un point étincelant qui est le casque, la silhouette d'un brave pompier.

Le sentiment de l'admiration domine alors le sentiment de l'horreur. Et on applaudit malgré ces ruines et malgré ces deuils.

Dans le fond, à travers deux larges poutres qui vont s'effondrer avant la nuit, nous apercevons l'ancien buffet du foyer public. Les verres sont encore sur le marbre et l'orgeat est servi sur les plateaux. Rien n'a bougé : la flamme s'est bornée à dévorer autour toutes les tentures. Elle a même respecté les stores.

Mais la fumée monte à nos joues, les brûle et nous force à fuir ce foyer rougi. D'ailleurs, les murs menacent de tomber, et l'architecte du théâtre, M. Crépinette, vient supplier le préfet de police de redescendre au plus tôt.

L'ENLÈVEMENT DES CORPS

Vers quatre heures arrivent sur la place Boeldieu, au milieu de laquelle un vaste carré est formé par un triple cordon de soldats de la Garde républicaine et de gardiens de la paix, deux fourgons des pompes funèbres.

Les voitures se rangent devant la porte d'entrée du théâtre, du côté de la rue Marivaux.

De l'un des véhicules, on sort cinq cercueils vides que des pompiers emportent immédiatement à l'intérieur du théâtre.

C'est dans ces cercueils qu'on déposera ceux des cadavres qui sont presque en lambeaux.

En attendant, on procède à l'enlèvement des victimes qui ont péri par asphyxie et dont les corps sont intacts.

Des profondeurs noircies du vestibule, nous voyons d'abord émerger, porté par deux pompiers, le cadavre d'un homme à grande barbe brune, bien vêtu. Sa chaîne de montre en or brille sur le gilet de nuance claire, que maculent des taches de sang.

Le corps passe devant une double haie de fonctionnaires, d'officiers, de journalistes. Tout le monde se découvre respectueusement.

Les sapeurs rentrent dans le théâtre et reviennent bientôt avec un nouveau cadavre.

Cette fois, c'est une femme à robe noire à volants. La figure est noircie ; la joue droite semble avoir été arrachée ; les bras sont contournés. La malheureuse a dû lutter avec une énergie désespérée pour sortir du fatal couloir.

Une autre femme encore. C'est une jeune fille. La figure est presque calme ; mais les yeux, encore ouverts, ont l'expression de la surprise et de l'effroi.

Puis c'est un cadavre d'homme. Le mort tient encore dans ses mains crispées un châle de femme.

Et nous voyons ainsi se continuer l'épouvantable défilé. Trois hommes et neuf femmes sont amenés de la sorte et mis dans les deux fourgons.

A l'avant-dernier cadavre, celui d'une femme, un incident terrifiant se produit. Les porteurs, dont on ne comprend que trop l'émotion, hélas ! font un faux mouvement en hissant le corps qui leur échappe et tombe à terre avec un bruit mat....

Enfin, le funèbre chargement est complet et les rangs des troupes s'ouvrent pour laisser passer les sombres fourgons qui s'éloignent au trot.

LE DÉBLAIEMENT

M. Achille Picard, le démolisseur des Tuileries, a été appelé par la direction des Bâtiments civils, pour déblayer l'intérieur de l'Opéra-Comique. Dès hier, ses hommes ont été commandés; on a commencé immédiatement les palissades que l'on a élevées pendant toute la dernière nuit. Une barrière sera établie tout autour des maisons incendiées.

MM. Sirat, entrepreneurs de charpente, ont dû étayer tous les balcons qui n'ont plus d'appui et toutes les corniches extérieures. Puis M. Achille Picard prendra possession de cet immeuble et procédera au déblaiement.

M. Picard nous affirme qu'en trois jours tous les matériaux seront enlevés et qu'il n'y aura plus un seul cadavre.

Ce déblaiement va commencer ce matin à sept heures. Il y a au moins quinze cents tombereaux de gravois; on portera tout cela hors des fortications, rue Michel-Bizot; les fers seront apportés faubourg Saint-Antoine; quant au mobilier qui reste, mobilier bien inutile désormais, car le tout est en fort mauvais état, il sera transporté aux magasins de décors, place Louvois.

C'est là que les inspecteurs d'assurances procéderont à l'examen des meubles et à la fixation de leur valeur.

En prévision de la découverte de nouveaux cadavres, des fourgons des Pompes funèbres seront en permanence sur le lieu de la catastrophe dès la reprise des travaux.

LES MORTS

A l'heure où nous écrivons, leur nombre est de cinquante-trois. Puisse-t-il ne pas être accru quand paraîtront ces lignes! Mais la catastrophe est assez épouvantable pour qu'on n'éprouve pas le besoin de la grossir! Nous disons ce qui est malheureusement trop vrai et rien que ce qui est vrai.

Il est humain, en la circonstance, de réserver les probabilités.

Les corps ont été transportés soit à la mairie Drouot, soit au poste de la rue Richelieu, soit directement dans les familles.

Veuve Cavaillier, propriétaire, 39, rue de Valois (domicile).

Maquane de Charbonnet, quarante-trois ans, choriste, 55, rue Notre-Dame-de-Nazareth (domicile).

Régine Schielderick, vingt-huit ans, artiste, 31, rue Vaneau (Hôtel-Dieu).

Dame Varnout, 53, rue Belleville (Hôtel-Dieu).

Dame Coudurier, ouvreuse, 99, rue Lepic (Hôtel-Dieu).

Berteaux, trente-sept ans, habilleur, 6, cité Lesage (Hôtel-Dieu).

Charles Monnin, vingt-trois ans, habilleur, 10, rue de l'Écluse (Domicile).

Veuve Tribut, cinquante-six ans, fleuriste, 14, rue de Sèvres (domicile).

Octave Tierce, choriste, ancien typographe, 48, rue de Grenelle (Hôtel-Dieu).

Jean Jasmin, habilleur, cinquante-neuf ans, rue Saint-Marc, 39 (domicile).

Mme Emma Saint-Georges, soixante-six ans, Anglaise, 8, rue de Balzac (Hôtel-Dieu).

Mlle Jeanne Russel, quarante-huit ans, gouvernante, même adresse (Hôtel-Dieu).

Joséphine Lescœur, trente-huit ans, habilleuse, 15, rue des Abbesses (domicile).

Feretti ou Féry, 31, rue d'Aboukir, danseuse (Hôtel-Dieu).

Veuve Vieillot (Camille), née Bougenot, ouvreuse, 25, rue Le Peletier (domicile).

Mme Emma Touraton, vingt-huit ans, 46 ou 48, quai de Billy (domicile).

Mme Armandine Battmann, quarante-cinq ans, 46 ou 48, rue de Billy (domicile).

Charles Marcux, vingt ans, 25, rue Buffault (domicile).

Mme Lestrade, quarante-deux ans, concierge, 1, rue de Valois (domicile).

Emma Langereau, dix-huit ans.

Mme Langereau.

Jules Langereau, quarante-cinq ans.

Ces trois personnes qui habitent Tours, 58, rue Marceau, étaient à Paris depuis la veille et étaient descendues *Hôtel du Gymnase*, 31, rue de l'Échiquier (ces trois corps à l'Hôtel-Dieu).

Lucie Poncin, vingt ans, reconnue par sa famille.

Veuve Juliette Caille, cinquante-huit ans, rue des Poissonniers, 51, crémière (domicile).

Hippolyte-François-Vincent Brimeau de Miré, 20, rue Duphot.

Mme Amélie de Saage de Saint-Germain, 20, rue Duphot.

C'est à partir de onze heures du matin que les cadavres transportés au poste de la rue Richelieu ont été reconnus et successivement enlevés.

A trois heures, toutes les victimes étaient reconduites à leurs domiciles respectifs.

Ainsi s'explique le mouvement de voitures qui a tant

inquiété les Parisiens. Ils croyaient que chaque fourgon était plein de cadavres, tandis que, par délicatesse, la police a cru devoir conduire isolément, à chaque domicile, chaque victime. D'où le va-et-vient qu'on a remarqué.

M. Georges de Miré, capitaine de dragons, était, avec son père, sa femme, et sa belle sœur, Mlle de Saage, à l'Opéra-Comique. Quoique blessé, il parvint à sauver sa femme et la fit transporter rue Duphot, à l'hôtel où il est descendu en famille.

FACTIONNAIRE A LA PORTE DE LA CASERNE

Étonné de ne point y voir son père et sa belle-sœur, il retourna à l'Opéra-Comique, passa la nuit autour du théâtre sans pouvoir les retrouver et il les avait pourtant vus sortir avec lui! Il revint atterré rue Duphot. Là, le médecin appelé auprès de sa femme lui avoue qu'il craint un transport au cerveau.

Il le prie de rester auprès de celle-ci et retourne à la recherche de son père et de Mlle de Saage.

Il les a reconnus hier soir, vers six heures, parmi les vingt-huit morts étendus sur le parquet de la morgue établie à la mairie Drouot!

Nous avons parlé, hier, d'un homme qui est tombé du toit de sa maison, 28, rue de Grammont, où il était monté pour voir l'incendie. C'est un nommé Humbert, Maurice, quarante-sept ans, garçon de recettes.

On nous apprend la mort de Mme veuve Blondel, ouvreuse depuis trente ans, demeurant 41, rue des Abbesses, décédée à la suite de ses blessures. Elle était le soutien de sa fille et de son petit-fils !

Voici quelle était exactement la situation hier soir, à dix heures, au point de vue statistique.

Cinquante-trois décès avaient été constatés : trente-sept cadavres avaient été reconnus.

Douze des cadavres reconnus sont pourtant restés, avec seize corps inconnus, dans la morgue provisoire établie à la mairie Drouot.

Une seconde confrontation ou reconnaissance doit avoir lieu ce matin à cet endroit, parce que les déclarations reçues hier manquaient de netteté et de précision.

Jusqu'à ce matin donc, la mairie de la rue Drouot abritera vingt-huit des victimes.

Les corps sont rangés côte à côte ; entre chaque cadavre et aux pieds est disposée une assiette de phénol.

L'aspect de la salle, faiblement éclairée par quelques becs de gaz, est absolument sinistre.

Une toile recouvre les restes absolument mutilés de trois corps de femmes.

LES DANSEUSES

La valse du 1er acte de *Mignon* est dansée par huit artistes. Quatre d'entre elles, Mlles Tourtois, Gillet, Rose Varnot et Ferry remontèrent immédiatement dans leur loge où elles furent brûlées ; Mlle Assailly s'était attardée et n'était encore qu'au milieu de l'escalier lorsqu'elle fut saisie et vivement ramenée en arrière par le machiniste Varnout, le mari de la malheureuse qui est morte.

Mlle Assailly n'avait été prise par les flammes qu'en arrivant sur la scène.

Les trois danseuses qui ont pu échapper, Mlles Eugénie Mercier, Rosi Barrot et Andrée, ont dû leur salut à cette circonstance qu'ayant aperçu Mlle Marquet, leur maîtresse de ballet, dans le foyer des artistes, elles prirent le temps de lui dire bonsoir.

Le médecin de Mlle Assailly n'ose pas répondre de sa maladie : elle est en proie à un affreux délire et crie à chaque instant :

— Le feu ! le feu !

La pauvre petite danseuse, l'enfant gâtée de la maison, après avoir été transportée au poste de la Bibliothèque, y a passé la nuit sans revenir à elle. Un moment on l'a crue morte. Enfin le matin, comme elle ouvrait les yeux, on l'a ramenée chez elle, toujours dans son costume de bohémienne. Lorsqu'on a voulu lui enlever ses oripeaux de théâtre, les chairs s'arrachaient en même temps ! Elle a la poitrine, les bras et le bas du visage brûlés. La figure est encore toute noire de l'asphyxie prolongée.

La malheureuse poussait des cris déchirants et s'est trouvée mal deux fois, pendant le premier pansement.

M. CARVALHO

M. Carvalho invite *tout le personnel* de l'Opéra-Comique à se réunir aujourd'hui vendredi, à une heure, dans le foyer du public, au théâtre des Variétés.

Il prie instamment toutes les personnes, appartenant *à un titre quelconque* à l'Opéra-Comique, de vouloir bien considérer le présent avis comme une convocation.

Le directeur de l'Opéra-Comique, après avoir passé toute la soirée de mercredi et une partie de la nuit à tâcher de reconnaître les morts et les blessés, est revenu hier matin, à dix heures, sur les ruines de son théâtre.

On peut alors, non sans peine, pénétrer par la rue Favart dans l'administration. Devant le bureau de M. Danbé, chef d'orchestre, M. Carvalho, trouve M. Armand Gouzien, en train de discuter avec le colonel des pompiers.

En sa qualité d'inspecteur des théâtres subventionnés, M. Gouzien (1) veut essayer de sauver les partitions; mais il faut, pour cela, enfoncer une porte.

— Je ne peux vous y autoriser, disait le colonel des pompiers. Il y a ici de nombreuses propriétés indivises. Il me faudrait une autorisation supérieure pour vous donner les hommes nécessaires.

Naturellement, M. Carvalho se joint à M. Gouzien. Le colonel donne les hommes nécessaires. On enfonce la porte. M. Gouzien sauve ainsi dix partitions, entre autres celles du *Roi malgré lui*, de *Proserpine* et d'*Egmont*. . . . .

. . . .

Barnolt, qui ne paraît qu'à la fin du premier acte de *Mignon*, était dans sa loge, la porte fermée, attendant l'habilleur. Voyant le moment venu, il réclame sa perruque, personne ne répond; après deux ou trois appels, il ouvre la porte et est repoussé par la fumée; il se précipite néanmoins dans l'escalier et à demi asphyxié, il est heureusement aperçu par un *pompier* qui l'entraîne dans les dessous, où tous deux trouvent une issue. A peine étaient-ils rue Marivaux que la scène s'écroulait.

(1) Son successeur est actuellement notre confrère Armand Silvestre.

Barnolt a immédiatement adressé au colonel Couston la lettre suivante :

MON COLONEL,

« Je vous serais très reconnaissant de vouloir bien me faire connaître le nom du sapeur qui a brisé la devanture vitrée du bureau de location sur la rue Marivaux.

» Surpris dans ma loge et à demi asphyxié, je n'ai dû mon salut qu'à *l'énergie et à l'intelligence de ce brave soldat* que je désire personnellement remercier.

» Veuillez agréer, etc....

» BARNOLT,
» *Opéra-Comique.* »

Le capitaine Shaw, qui commande les pompiers de Londres se trouvait sur le boulevard pendant l'incendie ; *il a exprimé dans les termes les plus vifs son admiration pour nos pompiers.*

Quatre jours après le même journal (1) donnait encore le récit suivant :

Le chiffre officiel des morts était hier de soixante-dix-neuf. Il doit être porté aujourd'hui à quatre-vingts.

Un ouvrier, en effet, a trouvé, dans les fauteuils d'orchestre, une poche de robe contenant un portefeuille, des clefs et deux cents francs. On a cru qu'un corps était proche. On a vainement cherché dans la boue formée par les débris et par l'eau si longtemps jetée. M. Couvillat, contremaître, a immédiatement porté sa trouvaille à la police qui, en ouvrant le portefeuille, a reconnu qu'il appartenait à Mlle Marchais, dont le nom figure d'ailleurs sur la liste des disparus.

Outre cette poche sans corps, on a découvert dans les décombres, et bien loin d'elle, trois mains calcinées et un pied.

(1) Le *Figaro*, 31 mai, 1887.

Pendant plus d'une heure, deux ouvriers ont été occupés à fouiller dans un long tuyau d'aérage placé à gauche de la scène. Ils croyaient en tirer une tête et deux mains. Ils n'y ont trouvé que ces dernières.

Le tuyau monte des sous-sols aux toits. Il s'ouvre à chaque étage. Or, aux quatrièmes galeries, un homme, se trompant, a dû ouvrir la porte de ce tuyau. Dans l'entrebâillement de celle-ci, les ouvriers ont vu, il y a trois jours, un corps, mais sans tête et sans mains.

Les vêtements étaient calcinés.

La tête seule eût pu aider à la reconnaissance. Elle est peut-être en poussière....

Les mains ont été déposées dans un des cercueils qui attendent ; mais comme il contenait de la mixture, on l'a vidé auparavant par ordre de M. le procureur de la République.

Il a été constaté, en effet, que la mixture adhère trop étroitement aux membres qu'on lui confie ; elle les rend méconnaissables.

On n'y dépose aujourd'hui que les corps reconnus tout de suite.

Nous avons raconté comment, samedi soir, M. J. Comte et M. le préfet de police, voyant les difficultés énormes que présentait le déblaiement, ont décidé d'attaquer le travail en grand.

M. Crépinet, architecte du théâtre, a aussitôt fait prévenir les entrepreneurs des bâtiments civils, MM. Mourichon et Lemoüé. Ces derniers ont d'urgence formé des équipes de nuit et ont amené sur le chantier un grand nombre d'hommes. Cent vingt y ont passé la nuit de dimanche à lundi. Cent soixante-cinq y ont travaillé durant toute la journée d'hier et ont été remplacés, le soir, par cent vingt autres.

Plus de cinquante tombereaux et un grand nombre de charrettes procèdent à l'enlèvement des débris de bois, fers, etc. Dans les premières vingt-quatre heures, il a été extrait environ sept cents soixante-dix mètres cubes, pendant que des maçons consolidaient provisoirement avec du plâtre et des moellons les parties menaçant ruine, les pierres de taille et les piles de la partie supérieure où on n'a pas encore eu accès.

De son côté, M. Picard travaille activement au gros œuvre.

M. Archambault, inspecteur des bâtiments civils, assiste M. Crépinet dans la direction et la surveillance du travail — qui, ainsi entrepris, sera certainement terminé dans trois ou quatre jours.

Au-dessus de la porte du bureau de location, rue de Marivaux, une main pieuse a accroché une grande couronne d'immortelles portant cette inscription : Aux Victimes !

Nous en aurons, chaque jour, une nouvelle à nommer.

Nous avons parlé avant-hier de Mme Aulcker, demeurant 13, rue Cherroy, qui assistait avec ses amis, à la dernière de *Mignon* et dont on n'avait nulle trace.

Son mari l'a reconnue hier matin à la Morgue.

La malheureuse a vingt-huit ans. Elle laisse deux petites filles....

LES OBSÈQUES

La grande ville tout entière a rendu hier les derniers honneurs aux victimes de l'Opéra-Comique. Quelle différence entre cette manifestation recueillie, respectueuse, religieuse et les manifestations bruyantes des révolutionnaires !

Dès dix heures du matin, il était presque impossible d'approcher de Notre-Dame. Les agents, qui gardaient la métropole depuis neuf heures, ne laissaient passer que les personnes munies de cartes d'invitation.

Grâce à eux, la vaste place qui précède l'église était absolument libre.

Vers onze heures, on a vu arriver d'abord un à un, puis dix ensemble, les corbillards.

Dans le fond, Notre-Dame. Devant l'Hôtel-Dieu, rangés comme autant de factionnaires, vingt-deux chars. Tous pareils, tous de cinquième classe.

A côté d'eux les porteurs de couronnes. Quel sujet pour un peintre!

Ainsi que nous l'avons expliqué hier, les chars avaient pris les corps soit à domicile, soit à l'Hôtel-Dieu.

On comprend que le nombre des cercueils ait dû modifier l'ordre habituel des cérémonies. Les croque-morts n'ont pas attendu la messe pour les porter dans l'église.

A onze heures et demie, tous les corps sont devant le chœur. sur six rangées. A gauche, les dix qui ont été reconnus. A droite. les douze auxquels on n'a pu attribuer aucun nom.

C'est, naturellement, sur les dix premiers que les parents, les amis. les artistes de l'Opéra-Comique apportent des couronnes, des bouquets.

Le contraste est navrant.

Ici presque un champ de fleurs.

Là douze bières toutes noires, recouvertes qu'elles sont par l'unique drap de deuil.

M. Roblot, qui a été chargé de la partie matérielle des obsèques, est frappé lui-même de cette opposition.

Il demande aux dix familles. qui sont toutes placées autour des dix bières, la permission, naturellement accordée, de prendre douze bouquets. Il en fait mettre un sur chacune des bières, autour desquelles il n'y a point de parents.

Près de celles-ci, pourtant, est un homme vêtu de noir, la figure toute pâle, les yeux fatigués. C'est un négociant, M. Bauju, qui assistait à la représentation de *Mignon* avec sa femme et sa fille. Il est sorti de la salle, croyant que les deux femmes le précédaient. Il ne les a pas revues! Et, depuis l'incendie, il n'avait cessé de rester devant le théâtre, les yeux fixés sur le vestibule. Chaque fois qu'un nouveau cadavre était signalé, il se levait, traversait le groupe des magistrats qui s'écartaient, respectant sa douleur, jetait un regard sur le corps qu'on mettait en bière et allait, en secouant la tête et en sanglotant, tomber sur une chaise, mise à sa disposition contre la palissade qui fait face à la sortie des cercueils.

Hier, M. Bauju a tenu à assister aux obsèques, à accompagner les cercueils de ceux qu'on n'a point reconnus.

Il croit bien que sa femme et sa fille ne sont point là. Aucun indice, — ni forme du corps, ni morceau de vêtement, ni bijou, — ne lui a permis de les reconnaître. Mais si elles étaient là pourtant? En tout cas, il veut pleurer sur ces corps sans amis, comme peut-être quelqu'un pleurera demain sur des débris calcinés qui seront les restes méconnaissables de celles qu'il a aimées.

Peu à peu l'église s'est emplie. Immédiatement derrière les corps sont MM. Goblet, ancien président du Conseil des ministres; Berthelot, ancien ministre des beaux-arts; le colonel Lichtenstein, représentant le président de la République; Decœur, capitaine d'artillerie de marine, représentant l'amiral Aube; Carvalho et son fils; le docteur Le Juge de Segrais, médecin du théâtre; M. le premier président Périvier; Léo Delibes, Philippe Gille, Burani, enfin tous les compositeurs et auteurs qui ont été joués à l'Opéra-Comique, un grand nombre de députations patriotiques et théâtrales, de nombreux sénateurs et députés, M. Georges de Miré, en uniforme de capitaine de dragons, qui aujourd'hui enterrera les siens. L'église, toute tendue de noir, est comble. Les galeries elles-mêmes débordent.

La cloche sonne. La messe va commencer. Tout le chapitre, avec ses ornements de deuil, vient se placer devant les corps. L'archidiacre de Notre-Dame, l'abbé Caron, représente officiellement l'archevêque. Devant l'autel, l'abbé Geispitz, maître de chapelle, a réuni avec sa maîtrise tous les artistes et choristes de l'Opéra-Comique et de l'Opéra. C'est lui qui conduira les chœurs.

Plus loin est M. Danbé, qui dirigera l'orchestre de l'Opéra-Comique ; les 70 exécutants sont là.

Le prêtre monte à l'autel.

L'orchestre joue la *Marche funèbre pour la mort d'un héros*, de Beethoven. Parfois les violons font entendre comme un bruissement de soupirs. Parfois d'éclatants appels de trompette semblent crier la douleur. Durant toute la cérémonie, ce sera un concert non interrompu, concert admirable, qu'on n'a jamais entendu à Paris,

Le *De profundis* sans accompagnement est chanté par la maîtrise et tous les artistes présents. Les premiers ténors de nos deux grands théâtres de musique, Sellier lui-même, se sont fait un devoir de chanter dans les chœurs.

Ils chantent de même ensemble un très beau *Kyrie* composé par l'abbé Geispitz, qui a passé la nuit à écrire les parties, puis toute la prose; six premiers ténors se sont placés à gauche du chœur pour chanter les soli, six premières basses à droite. Jamais le *Dies iræ* n'a produit une impression plus profonde. Entre les chœurs l'*Oro supplex* est soupiré d'une voix plaintive par Talazac seul.

On en est à l'Offertoire : Danbé fait jouer par son orchestre l'andante de la symphonie en *la* de Beethoven.

Le *Sanctus* est chanté par les chœurs. Puis Talazac se lève, se met à côté de l'autel et chante le *Pie Jesu* de Stradella.

Ceux qui l'ont entendu pourront dire avec quelle émotion communicative il l'a *interprété* non moins que chanté. C'est un déchirement, c'est une plainte suprême, une prière sublime. Quand l'artiste a fini, l'abbé Geispitz, tout en larmes, lui presse les mains en disant :

— Ah! Monsieur, je suis prêtre, j'ai l'habitude d'entendre chanter le *Pie Jesu*, et voyez dans quel état vous m'avez mis.

Mais l'artiste lui-même s'essuie les yeux. Il a fini dans un sanglot la dernière mesure.

Il m'explique son émotion.

En se tournant, pour chanter, vers les cercueils, il a rencontré des yeux la famille de Tierce, le pauvre choriste qui est là, dans la bière, et il s'est imaginé que c'étaient tous ceux que celui-ci laisse qui, par sa voix, imploraient le ciel.

Il faut pourtant qu'il se remette, afin de chanter avec ses amis et la maîtrise l'*Agnus Dei* de Vervoitte.

Puis, c'est Thierry, de l'Opéra-Comique qui, de sa superbe voix de basse, dira le *Misеremini*.

L'office touche à sa fin.

M. l'abbé Bergès, archiprêtre de Notre-Dame, monte en chaire, et au nom de S. G. l'archevêque de Paris donne lecture de la lettre pastorale que lui a écrite Mgr Richard :

« Monsieur l'Archiprêtre,

» Je ne puis demeurer étranger à la funèbre cérémonie qui va réunir la foule sous les voûtes de Notre-Dame.

» Depuis le funèbre accident qui m'a si vivement ému, j'ai souvent prié pour les victimes et je sais gré à l'administration de nous avoir demandé le service religieux.

» En le faisant, elle a répondu au sentiment du peuple de Paris qui s'est toujours montré si fidèle au culte des morts.

» Dans les événements douloureux, dans les catastrophes, toujours, en effet, nous sentons le besoin de nous élever vers Dieu.

» La mort cruelle et imprévue est une leçon qu'on ne saurait trop méditer et qui vient douloureusement confirmer cette parole du Maître :

« Veillez et priez car vous ne savez, ni le jour ni l'heure. »

» Dans la vie ordinaire, nous nous laissons, malheureusement, aller aux plaisirs mondains et même coupables, en oubliant trop que Dieu peut à chaque instant nous rappeler,

» Dans ces heures imprévues, subitement en présence de l'éternité, l'âme s'élève vers son créateur et pousse ce cri de pardon et d'humiliation : « Oh mon Dieu ! » et Dieu y répond par des grâces sans nombre.

» Espérons qu'à l'instant fatal, le souvenir du baptême et de la première communion a ramené dans le sein de Dieu ceux que la mort venait surprendre.

» Je prierai donc dans mon oratoire particulier pour les morts, et comme les souffrants sont dignes, eux aussi, de toute notre sollicitude, je mets à votre disposition mille francs pour les secourir.

» Enquérez-vous donc de l'état des blessés à l'Hôtel-Dieu et venez-leur en aide sans retard.

» Auprès de la foule qui s'empressera à Notre-Dame, soyez aussi l'interprète de son archevêque.

» En mon nom, je vous prie de bénir les familles en deuil, en m'associant à leur larmes et à leurs prières.

» *Signé :* FRANÇOIS. »

Après cette lecture, tous les chœurs chantent le *Libera*. La messe est finie. L'orchestre de Danbé joue la Marche funèbre de Chopin ; on enlève les corps et peu à peu la foule se retire.

La cérémonie a duré une heure et demie.

Comme nous sortons, un monsieur aborde le ténor Mouliérat, qui est en cravate blanche, et lui demande s'il ne fait pas partie de l'Opéra-Comique.

— Oui, Monsieur.

— Ayez donc la bonté de prendre ceci et de le donner aux familles de vos malheureux choristes....

Et il s'éloigne en lui mettant cinquante francs dans la main.

Trois quarts d'heure environ avant la fin du service, les vingt-deux corbillards qui étaient rangés côte à côte, devant la façade de l'Hôtel-Dieu, exécutent une véritable conversion en venant s'aligner à cinquante mètres à peu près devant la cathédrale.

On a déjà, alors, en contemplant cette sinistre rangée, une idée de l'effet que devra produire leur défilé dans les rues de la ville.

Si le parvis, resté complètement dégagé, ne présente aucun spectateur, en revanche toutes les fenêtres, toutes les terrasses de l'Hôtel-Dieu, sont garnies d'internes, de sœurs, d'employés et même de malades.

A l'une des fenêtres du second étage est braqué un objectif de photographe. Il pourrait, en attendant la fin de la messe, saisir l'aspect des quais voisins, sur lesquels se presse la foule.

Un fort détachement de gardes républicaines vient renforcer les « barrages » d'agents que le public, massé aux extrémités de la rue d'Arcole, du pont au Double et du petit Pont, est sur le point de rompre. Bientôt après, les portes de Notre-Dame s'ouvrent.

L'instant est saisissant. Ce sont d'abord les pompiers qui sortent avec un grand nombre de couronnes et qui font la haie des deux côtés de la porte principale.

Puis le défilé des cercueils commence. Il faudra vingt minutes pour que tous les corbillards aient reçu leur triste fardeau.

On garnit les chars de couronnes et de bouquets, mais la plupart des emblèmes doivent être portés à bras. Tous les théâtres de Paris et de nombreuses associations ont envoyé leur tribut aux victimes.

On remarque surtout la splendide lyre en or envoyée par les artistes du Grand Théâtre de Lyon, ainsi que les couronnes données par la municipalité du deuxième arrondissement, par les camarades de l'héroïque Octave Tierce, etc.

Le cortège précédé de plusieurs pelotons de gardiens de la paix, se met en marche. Il est deux heures. Les corbillards marchent deux de front.

Le deuil général est conduit par le personnel survivant de

l'Opéra-Comique; puis viennent les députations officielles, le représentant du président de la République dans la même voiture que le représentant du ministre de la marine; MM. Goblet, Berthelot, le représentant de l'ancien ministre de la guerre, la municipalité du deuxième arrondissemeut,

SAPEUR (tenue de feu.)

les conseillers municipaux, plusieurs commissaires de police, la délégation des Sapeurs-Pompiers de Paris, que la foule applaudit au passage, les porteurs de couronnes et les invités.

Tout à coup on entend un grand bruit. C'est un des abris

du marché aux fleurs qui s'effondre sous le poids des curieux.

Partout l'affluence est énorme. Il n'y a pas une fenêtre qui ne soit pleine de monde. Ne parlons pas des industriels qui se sont munis d'échelles ou ont organisé des estrades qu'ils louent aux curieux.

L'empressement d'ailleurs n'altère en rien le recueillement de la foule. Sur tout le parcours, chacun a le cœur angoissé par ce spectacle inoubliable des vingt-deux chars funèbres qui passent.

Il est quatre heures quand on arrive au cimetière du Père-Lachaise. Une foule énorme attend, non seulement dans les allées principales, mais encore. et surtout, près du grand terrain sur la lisière duquel les vingt-deux fosses ont été creusées.

Ce terrain est situé dans la 96e division, à peu de distance du mur des fédérés. Les vingt-deux corbillards descendent lentement la pente qui y mène; ils sont précédés des deux voitures de deuil du clergé.

Les prêtres mettent pied à terre les premiers et bénissent chacune des tombes.

Alors viennent les cercueils, que les fossoyeurs saisissent....

Dès que la bière est en place, une croix noire est plantée, qui porte le nom du défunt, s'il est connu, ou un numéro d'ordre, si la victime est inconnue.

Et l'on ne saurait dire l'effet que produit cette sinistre plantation, ce noir alignement si rapidement fait.

La dernière fosse est remplie. Le silence est profond.

M. Goblet monte alors sur une petite tribune et, d'une voix émue, lit le discours suivant :

« MESSIEURS,

» Les difficultés que les gouvernements traversent ne les dispensent pas d'accomplir leurs fonctions. Bien que nous ne détenions plus que provisoirement le pouvoir, vous comprendrez que nous ayons considéré comme un devoir de nous associer officiellement à ces obsèques solennelles.

» Nous le devions non seulement pour témoigner ici de la douleur qu'inspire universellement la mort cruelle de tant d'intéressantes victimes, mais aussi pour nous mieux pénétrer de la sévère leçon que ce spectacle comporte et y apprendre une fois de plus, s'il était nécessaire, à quelle vigilance de tous les instants sont tenus les pouvoirs publics et quelles responsabilités impose la charge de veiller à la sécurité des citoyens.

» Disons-le cependant, le monde ne sera sans doute jamais à l'abri de semblables catastrophes. A mesure que la science découvre de nouveaux moyens de nous en préserver, il semble que le progrès naturel de l'humanité, en développant les relations entre les personnes, en multipliant à tant de titres divers, pour le travail comme pour les fêtes, les agglomérations nombreuses, accroisse fatalement les causes de danger.

» Hélas! ce sont les risques inévitables de la vie.

» S'il était permis d'y chercher une compensation, nous la trouverions dans la pensée des généreux dévouements que de tels désastres suscitent et dans l'admirable élan de pitié qui, faisant taire nos misérables divisions, rapproche en un instant toutes les mains et tous les cœurs.

» Messieurs, le terrible sinistre de la nuit du 25 mai n'a pas seulement frappé cette ville; nos provinces et l'étranger lui-même lui ont payé leur tribut. Toutes les classes de la population laissent ici des victimes, les unes surprises dans l'accomplissement de leur service, les autres en pleine fête! Qu'importent ces distinctions? Pour toutes, le deuil est égal et la même sympathie nous unit tous ici, représentants du gouvernement, administrateurs de la ville et du théâtre sur lequel a sévi le fléau et cette population qui nous entoure, mêlant ses larmes à celles des familles des victimes, comme si le malheur avait atteint dans ses affections personnelles chacun des membres de la cité.

» C'est dans ces occasions, où tout son cœur se montre, qu'on peut juger la vraie grandeur de Paris. On dit trop souvent que Paris est léger, sceptique, amoureux seulement de l'art et des spectacles. Viennent les grandes joies ou les grandes douleurs publiques, on le connaît mieux à ces manifestations puissantes où, par un mouvement unanime et spontané, Paris se fait l'interprète de la France entière.

» Messieurs, un peuple que cette communauté de sentiments anime n'est pas près de s'abandonner. Pleurons nos morts, pleurons-les amèrement, souvenons-nous d'eux, afin de prévenir autant qu'il dépendra de nous le retour d'événements aussi funestes! Et puis relevons-nous pour vivre et pour agir.

» Paix aux morts! Courage aux vivants! »

M. Berthelot lui succède.

« Pauvres enfants! s'écrie-t-il en commençant, elles avaient la jeunesse, l'ardeur et l'espérance, elles entraient dans la vie pour en goûter la rapide illusion. Les unes étaient venues en artistes remplir leur devoir, manifester devant tous la grâce et la beauté, faire entendre la musique et la poésie de leur voix; les autres étaient accourues pour admirer l'idéal réalisé en acte sous leurs yeux : la danse, cette floraison vivante; le chant, cette expression souveraine des sentiments humains. Actrices et spectatrices, l'avenir leur souriait à toutes! elles avaient devant elles de longs jours de bonheur et d'amour. Et la fête s'est changée tout à coup en hécatombe!

» Pauvres enfants! elles ont été moissonnées ensemble en une heure. Elles ont péri dans la catastrophe la plus cruelle et la plus foudroyante! »

Et après avoir, en quelques mots touchants, rendu un hommage mérité à tous les dévouements que la catastrophe a fait surgir, M. Berthelot termine ainsi :

« Adieu! votre souvenir restera dans le fond de nos cœurs, joint à celui des morts chéris que chacun de nous a perdus et dont le nombre s'accroît sans cesse avec le nombre de nos années, en attendant le jour prochain où nous irons les rejoindre à notre tour dans le tombeau. Puissions-nous, ce jour-là, laisser parmi ceux qui resteront après nous des regrets aussi vifs, un souvenir aussi tendre et aussi profond.

» Adieu, pauvres enfants! »

M. Carvalho, dont la douleur et l'abattement ne sauraient être exprimés, remercie les deux orateurs et ajoute quelques mots pleins d'âme à l'adresse du personnel de l'Opéra-Comique, défunts et survivants.

Enfin, un ouvrier typographe vient dire un éloquent adieu au pauvre Tierce, mort victime de son dévouement.

Tout est fini, bien fini. Les assistants jettent l'eau bénite sur les vingt-deux fosses que l'on va combler, et s'éloignent peu à peu en proie à une poignante émotion.

Hier également ont eu lieu isolément d'autres obsèques.

D'abord, à huit heures, à la Madeleine, celles de M. Saint-Charles Germain, propriétaire à Toulouse, descendu, 9, rue de Castellane, qui a été reconnu à la Morgue.

Après la messe, un fourgon a conduit le corps à la gare d'Orléans en destination de Toulouse, où aura lieu l'inhumation.

A trois heures, obsèques de M. Gustave Enfer, reconnu à la Morgue.

L'inhumation a eu lieu au cimetière de Neuilly.

A la même heure, à Notre-Dame, obsèques de M. Charles Boursier, âgé de cinquante-trois ans, qui a été brûlé en tentant inutilement de sauver sa fille, Mlle Louise Boursier, âgée de dix-sept ans.

Les deux corps, qui avaient été transportés à la Morgue, ont été reconnus par un ami.

Ils ont été transportés à Longueil.

A quatre heures, à Courbevoie, obsèques de Mlle Guillemin, âgée de vingt-quatre ans, asphyxiée.

La municipalité et un grand nombre d'habitants de la commune assistaient à la cérémonie et ont conduit le corps jusqu'au cimetière.

A la même heure, à Notre-Dame, obsèques de Mme Mélanie Perrat, mère de M. Bihn, le marchand d'estampes de la rue Richelieu. L'inhumation a eu lieu au cimetière de Bagneux.

C'est aujourd'hui à midi qu'auront lieu à l'église Notre-Dame de la Couture, au Mans, les doubles obsèques de M. Hippolyte Bruneau de Miré, père de M. Georges Bruneau de Miré, capitaine-instructeur au 7e dragons et de Mlle Amélie de Laage de Saint-Germain. Les lettres de faire-part sont envoyées au nom de MM. Georges Bruneau de Miré, Henri et Philippe de Miré, Ponthault, Louis Dodard des Loges, lieutenant au 2e dragons.

Un détail à propos de ces obsèques :

Quelques journaux ont dit, par erreur, que M. de Miré, le jeune capitaine de dragons qui a pu échapper à l'incendie, s'était sauvé avec sa femme : c'est avec sa mère qu'il est sorti. M. de Miré est célibataire, et c'est sa tante, la sœur de sa mère, Mlle de Laage, qui a péri avec le père, M. de Miré.

En outre, ce n'est pas à Tours, mais au Mans, résidence habituelle de la famille de Miré, que les deux cercueils seront inhumés.

D'autre part, un employé de M. Roblot est parti hier pour Vienne conduire le corps de M. Dessauer, le banquier viennois et celui de sa femme.

Un second est allé conduire deux autres corps à Berlin.

Hier, à quatre heures, a eu lieu l'enterrement de Mlle Régine Skjeldrup, de Norvège, une des victimes de la catastrophe de l'Opéra-Comique. La colonie scandinave était largement représentée. Tous les Norvégiens actuellement à Paris avaient tenu à déposer eux-mêmes des couronnes et des bouquets sur le cercueil de la pauvre jeune fille.

Mlle Régine Skjeldrup était depuis quelques années déjà à Paris, où elle était venue pour se perfectionner dans la langue française et dans l'étude du piano.

Touchants ont été les adieux faits par ceux qui étaient venus représenter la patrie lointaine et les parents en pleurs.

« Le *nombre des Pompiers*, des agents de police qui se sont *signalés par des actes de dévouement* ne peut pas encore être évalué, raconte un rédacteur du journal *le Gaulois*. Nous avons causé pendant quelques instants avec le lieutenant-colonel du régiment de Pompiers de Paris :

» — Vous voudriez connaître les noms de ceux de nos hommes qui se sont distingués, nous dit-il, cela est difficile. Outre que ces braves gens ont tous fait leur devoir, il y a encore cette raison qui prime toutes les autres, c'est que les rapports de nos officiers ne nous sont pas encore parvenus.

» Car nous ne livrons pas à la légère *les noms de nos soldats qui sont des héros* : avant qu'une flatteuse popularité soit leur récompense, nous voulons connaître exactement les services qu'ils ont rendus, les actes de dévouement dont ils ont fait preuve.

» D'ici à quelques jours, de nouveaux noms viendront s'inscrire sur le livre d'or des Pompiers de Paris ; et, sur les tableaux de marbre exposés dans les casernes, nos hommes apprendront qu'il y a quelques braves de plus parmi eux.

» Nous n'en pûmes obtenir davantage.... Et il ne fallait pas songer à interviewer ces Pompiers : ces braves gens, dont tous ont été grièvement blessés, à toutes les questions qui leur étaient posées, répondaient qu'ils avaient fait leur devoir, chose toute naturelle.

» — Nous avons pris des échelles, nous sommes montés, nous avons sauvé des gens, des femmes, des enfants.

» — Mais vous avez été blessés ?

» — Ah ! oui !... un peu. La fatigue est grande aujourd'hui, mais ça passera....

Certaines critiques s'étaient élevées à la fois contre M. Carvalho et contre les Sapeurs-Pompiers à propos de l'Opéra-Comique. Il faut le dire bien haut, ni l'un ni les autres n'ont été fautifs. Depuis longtemps aux Sapeurs-Pompiers, on réclamait des mesures de précaution contre l'incendie. On n'en tint nul compte. Les pompiers ne purent être avertis rapidement, la sonnerie d'alarme se trouvait au fond de couloirs bien loin de la portée du sergent de service et il fallait gravir des escaliers, arpenter d'étroits couloirs avant d'y parvenir. Vous voyez d'ici comme c'était commode en cas d'incendie !

III

L'INCENDIE DES MAGASINS DU PRINTEMPS (1)

L'*incendie des grands magasins du Printemps* a été aussi un *des grands incendies du siècle.*

Il est curieux de lire le récit détaillé qu'en a fait le colonel Paris, et cela à un double titre : d'abord parce qu'on y verra les efforts et le zèle des pompiers, et ensuite parce qu'on y verra aussi ce qu'on aurait pu faire si, à cette époque, le régiment des Sapeurs-Pompiers avait été aussi bien outillé et muni d'attelages et de machines qu'il l'est aujourd'hui.

C'est à cinq heures cinquante-cinq du matin que le service d'incendie a reçu le premier avis du sinistre, dit le colonel Paris. Le tableau suivant donne l'indication :

1° Des postes, casernes et pompes à vapeur qui ont marché au feu;

2° Du mode d'avertissement ;

3° De son heure ;

4° De celle du départ (qui ne diffère de l'heure d'avertissement que pour les pompes à vapeur, obligées de sonner leurs chevaux au dépôt d'omnibus le plus prochain) ;

5° De la distance à parcourir;

6° De l'heure d'arrivée sur le lieu du sinistre.

(1) *Revue politique et littéraire*, 19 mars 1881.

INDICATIONS DES POINTS DE DÉPART	MODE D'AVERTISSEMENTS	HEURES D'AVERTISSEMENTS	HEURES DE DÉPART	HEURES D'ARRIVÉE	DISTANCE PARCOURUE
		h. m.	h. m.	h. m.	mètres
Petits postes.					
Rue de la Pépinière	Un bourgeois.	5 55	5 55	5 58	550
Rue Drouot	Un gardien de la paix.	5 55	5 55	6 03	1,400
Ministère de la marine	Un bourgeois.	6 06	6 08	6 15	950
Casernes.					
Rue Blanche (1er départ)	Télégramme de la Pépinière.	5 55	5 55	5 59	850
— (2e départ)	Sapeur du 1er départ.	6 "	6 "	6 04	850
Rue du Château d'eau.	Télégramme de la rue Drouot.	5 55	5 55	6 11	2,300
Rue Jean-Jacques Rousseau . . .	Un bourgeois	6 03	6 03	6 12	1,600
Pompes à vapeur.					
État-major.	Télégramme de la rue Blanche.	5 56	6 09	6 15	2,900
Rue Philippe de Girard	Télégramme du colonel	6 07	6 20	6 27	2,700
Passage Ménilmontant.	— —	6 05	6 12	6 35	4,800

Ce tableau permet de constater :

1° Qu'il y avait sur le feu :

4 minutes après le signal reçu.	1 pompe à bras (1).			
5	—	—	3	—
9	—	—	4	—
10	—	—	6	—
11	—	—	7	—
17	—	—	9	—
19	—	—	11	—
22	—	—	11	—	et 1 à vapeur.
34	—	—	11	—	2 —
42	—	—	11	—	3 —

2° Que la concentration des pompes à bras s'est faite à raison de 160 mètres à la minute en moyenne, bien que deux casernes aient eu à franchir, l'une 1.600, l'autre 2.300 mètres, pendant une partie desquels leurs détachements ont nécessairement dû reprendre de temps à autre le pas accéléré pour souffler. Les postes et la caserne qui n'avaient à courir que pendant trois ou quatre minutes, l'ont fait à raison de 185 et 210 mètres par minute en traînant leur matériel, ce que l'on peut appeler une vitesse surhumaine :

3° Que les pompes à vapeur avaient à faire en moyenne 3,470 mètres, et que leur concentration a demandé un temps moyen de vingt-trois minutes. La quatrième pompe eût eu 5.400 mètres à franchir.

C'est.... Ne le disons pas ! Mais l'on comprendra, nous l'espérons, que nous ayons battu en brèche, sans trêve ni merci, ce système fossile qui rappelle le temps du Moyen Age où l'artillerie était traînée au combat par des bœufs !

Les bouches d'incendie utilisées par les pompes à vapeur étaient situées (distances mesurées au décamètre sur le terrain) :

1° Rue Saint-Lazare (A), 258 mètres, 3 atm. 75 de pression.
2° Rue Auber..... (C), 170 — 4 — 00 —
3° Rue de Provence (B), 0 — 4 — 10 —

(1) Nous ajoutons une minute pour les pompes à bras, et deux pour les pompes à vapeur à l'heure de l'arrivée, comme temps nécessaire à la mise en manœuvre.

Cette dernière était la seule qui fût dans une situation réellement favorable. Nous ferons, en effet, remarquer que les chiffres de 170 et 258 mètres ci-dessus, qui correspondent à la distance en ligne droite de la bouche au pied du mur le plus rapproché du bâtiment sinistré, doivent s'augmenter de toute la longueur de tuyaux nécessaire pour arriver, par les escaliers ou les balcons, à mettre la lance sur le foyer, ou parvenir au comble et obtenir des jets plongeants. Ainsi, par exemple, les refoulements de la pompe établie rue Auber, à 170 mètres, avaient 240 mètres de développement! Ce que cette longueur de garnitures et les coudes inévitables aux changements de direction font perdre, par les frottements, de puissance au jet, on se l'imagine aisément: et l'on comprend de même pourquoi nous ne pouvons répondre de venir rapidement maîtres d'un feu, surtout quand il éclate dans un bâtiment de cette hauteur d'étages, tant que les bouches d'incendie ne seront pas situées de 100 mètres en 100 mètres, comme nous l'avons demandé. . . . . .

. . . .

Arrivons à la partie historique du sinistre.

Comment le feu a-t-il pris?

Rien d'absolument sûr. On a lieu cependant de croire qu'un employé, en allumant le gaz pour les travaux du matin, dans le rez-de-chaussée, aura communiqué le feu à quelques étoffes: des peintures fraîches, des vernissages étaient près, une grande flamme s'est produite. L'employé aura perdu la tête et escaladé les escaliers pour aller crier au feu près des logements des employés et du propriétaire. Quand celui-ci s'est précipité vers les magasins, ils étaient déjà en flammes.

A quelle heure le feu a-t-il pris?

Ici encore, rien de certain: dans un milieu pareil et dont nous ferons ressortir plus loin les conditions exceptionnellement favorables à la propagation du fléau, il se peut très bien faire que le premier embrasement n'ait précédé que de quelques instants le signal d'incendie.

Toujours est-il que le rapport du premier officier, rendu sur les lieux à cinq heures cinquante-neuf, dit : « A mon arrivée, les flammes sortaient par les croisées des trois façades, rue de Provence, rue du Hâvre, boulevard Haussmann ; le foyer principal se trouvait du côté de la rotonde, lequel donnait sur la rue du Hâvre. »

A notre arrivée (six heures quinze), nous avons vu du premier coup d'œil que le bâtiment principal du *Printemps* était perdu, que tout au plus, à force d'énergie, peut-être à coup d'hommes (nous ne croyions pas parler si juste), nous parviendrions à sauver le bâtiment annexe de l'est. Mais, provisoirement, il fallait abandonner le *Printemps* ; la chaleur était tellement intense que l'autre côté de la rue de Provence prenait feu : les persiennes s'enflammaient, les vitres éclataient ; la sueur ruisselait sur nos corps comme l'eau de nos pompes sur les murs. Il fallut inonder, des toits au trottoir, toutes les maisons qui faisaient face au bâtiment incendié pendant douze minutes, jusqu'à six heures vingt-sept, heure à laquelle la pompe à vapeur du Château-Landon, arrivant ventre à terre, put s'abattre sur la bouche de la rue de Provence. Une minute après, l'eau jaillissait de ses lances sous la pression naturelle de l'eau et, cinq minutes plus tard, sous une pression de huit atmosphères ; à ce moment, nous nous crûmes sauvés. Mais voilà qu'à trois maisons plus loin, à l'angle des rues de Provence et de Caumartin, un comble s'enflamme : des flammèches portées par le vent y ont mis le feu. Il faut encore distraire une pompe et aller attaquer ce second incendie dont les sapeurs se rendent heureusement bientôt maîtres. En même temps la pompe à vapeur de Ménilmontant arrivait : une pompe anglaise et 260 mètres de distance entre la bouche et le feu ! Enfin, cela valait toujours bien deux ou trois pompes à bras ! Elle se met en batterie sur la rotonde, de manière à noyer les décombres et aussi le sous-sol bondé de marchandises et dans lequel l'énorme température du parquet sur lequel se sont effondrés les étages supérieurs allume à chaque instant des incendies partiels. Nous pouvons dès lors nous consacrer entièrement au bâtiment annexe, dont l'embrasement amènerait infailliblement celui de tout le pâté de maisons jusqu'à la rue Caumartin, qui sait ? peut-être plus loin encore, car le vent souffle du sud et la rue de Provence est bien étroite ! Pendant que les pompes de l'État-major et de Château-Landon l'attaquent, à crever leurs chaudières, sur les faces sud et nord, les caporaux vont porter la lance jusque sur le toit, en se camponnant aux balcons ; d'autres grimpent sur les arbres du boulevard pour atteindre plus facilement avec leur jet les étages supérieurs. Enfin, à neuf heures, nous pouvons télégraphier au gouverneur et au préfet de police que nous sommes maîtres du feu. A dix heures et demie, il ne reste plus que quelques foyers partiels dont le bâtiment annexe ; à douze heures, le feu est complètement refoulé dans la rotonde ; à midi et demi, nous renvoyons les pompes à bras et leurs équipes, *qui n'ont pas mangé depuis le repas du soir de la veille*, et nous gardons les trois pompes à vapeur pour noyer les décombres. A minuit, nous en renvoyons une (Ménilmontant) ; le lendemain, à midi, la seconde (État-major), et à trois heures et demie, le même jour, la dernière ; mais des garnitures sont montées directement sur les bouches d'eau et continuent encore en ce moment (12 mars) leur travail de préservation.

Ce sinistre a causé une émotion profonde et légitime. Pour nous, Sapeurs-Pompiers, cette émotion n'est justifiée que par le chiffre énorme des valeurs détruites et par l'heure à laquelle l'incendie a eu lieu. De six heures à midi, des milliers de personnes ont pu voir à l'œuvre le fléau destructeur et les hommes qui le combattaient. Mais, à Paris, les grands feux ont presque toujours lieu de nuit ; et bien des habitants des XIe et XIIe arrondissements, ces deux poudrières de la capitale, pourraient dire qu'il se passe peu de mois, et en hiver peu de semaines, où, de minuit à quatre heures du matin, ils ne nous voient dans quelque scierie mécanique, quelque chantier, quelque immense magasin de meubles embrasés, courir des dangers aussi grands, sinon plus, que ceux que nous réservait l'incendie du *Printemps*. Seulement, ces sinistres ne sont vus que par quelques voisins effarés, et puis, jusqu'à ce jour, nous y avons été heureux. Combien de temps durera cette chance? *Mektoub Reubbi* (c'est écrit!) disent les Arabes.

Ce qu'ont fait dans ce jour les Sapeurs-Pompiers de Paris, il appartient à leur colonel moins qu'à personne de le dire. Le matin de Trafalgar, Nelson s'adressant à sa flotte lui dit pour tout ordre de combat : « L'Angleterre compte que chacun fera son devoir. » Nous croyons qu'à l'incendie du *Printemps*, le régiment que nous commandons a essayé de faire le sien, et il nous a semblé que ses chefs et la population parisienne avaient ratifié ce jugement. Nous nous bornerons donc à raconter, très simplement, le sauvetage du sapeur Havard, mort en arrivant à l'hôpital.

Dès sept heures, M. Jaluzot, propriétaire du *Printemps*, nous avait indiqué l'emplacement de son cabinet et supplié de faire l'impossible pour le sauver. En même temps donc que nous en faisions battre les fenêtres du dehors, nous avions installé sur son plan, du côté est, une lance de pompe à vapeur. Les hommes qui la tenaient étaient sur ou près le palier de l'escalier; poste dangereux, mais c'était le seul d'où l'on pût avoir une vue sur les murs intérieurs du cabinet et commencer à essayer de couper le feu. A un moment donné, une rafale de vent s'engouffre dans le bâtiment; une flamme énorme sort par toutes les fenêtres du boulevard Haussmann; les sapeurs sont obligés de bondir sur les balcons et de s'affaler par les échelles, s'il y en a, ou de sauter sur le trottoir, au risque de se briser, en abandonnant lances et garnitures, que le feu gagne. Le refoulement de la pompe à vapeur ne marche plus; le mécanicien et un de ses hommes escaladent la maison pour aller voir ce que devient la lance, et trouvent le sapeur qui la tenait enseveli jusqu'aux hanches dans les décombres en feu de l'escalier qui s'était effondré. Impossible de rester : ces décombres leur brûlent les pieds ; ils sautent sur le balcon, hèlent un officier et lui exposent rapidement la situation. L'officier monte avec un autre sapeur et une lance avec laquelle on arrose les décombres pour pouvoir rester dessus en piétinant, et on saisit Havard par sa veste : elle se déchire ; on le happe par sa ceinture : elle est carbonisée et cède ; on cherche à écarter les décombres autour de lui : ils brûlent les doigts jusqu'au sang. Alors le sergent a une idée : il descend à l'étage inférieur avec deux hommes, une lance et une pince en fer ; on entasse deux tables l'une sur l'autre au-dessous de l'endroit où doit se trouver Havard ; le porte-lance arrose cet endroit, le sergent et l'autre sapeur montent sur les tables et crèvent le plafond au-dessus de leurs têtes. La buée de l'eau les étouffe, la fumée les étrangle : ils travaillent : le plafond leur tombe par morceaux sur la tête : ils travaillent encore : les murs craquent et le feu gagne la pièce : ils travaillent toujours. Enfin Havard, dégagé du dessus, dégagé du dessous, tombe entre leurs bras : ils le saisissent, le conduisent au balcon et le descendent avec une corde.

Cela a duré *vingt-cinq minutes*.

Veut-on savoir encore ce que la pratique journalière du feu, dans une ville comme Paris fait de nos hommes ? L'équipe de la lance était de quatre hommes : un caporal, un ancien sapeur et deux jeunes sapeurs du dernier contingent. Au premier craquement du plancher, le caporal et l'ancien sapeur font un bond formidable, atteignent la porte percée dans le mur de refend E, tombent dans les décombres en feu, se relèvent et descendent par l'échelle, roussis, meurtris, contus, mais saufs : l'un des jeunes sapeurs fait de même, mais choisit mal sa direction, saute vers la fenêtre, de là dans la rue, et se brise une jambe. Le pauvre Havard hésite une seconde, une ! *c'était la première fois qu'il allait au feu*. Cette seconde a été la mort.

Voilà donc l'incendie du boulevard Haussmann. Eh bien, ensuite ? Va-t-on, l'émotion du premier moment passée, retomber dans l'indifférence habituelle jusqu'à ce qu'un nouveau sinistre vienne la galvaniser encore inutilement? Ou bien est-on décidé à essayer de dégager les enseignements de ce désastre pour en éviter le retour?

A n'en point fournir les moyens, aucune responsabilité matérielle ne nous incomberait; mais nous encourrions une responsabilité morale autrement lourde à notre sens. Aussi, ces enseignements, allons-nous essayer de les mettre en lumière.

Presque tous les grands magasins de Paris sont, qu'ils le sachent bien, destinés au même sort que le *Printemps* si le feu y prend et n'y est pas éteint au bout de quelques minutes. Pourquoi?

Il est rare qu'ils aient atteint du premier coup le développement qu'ils ont aujourd'hui. A part le *Louvre*, le mieux défendu contre le feu, mais qui ne l'est point encore assez complètement, comme on le verra tout à l'heure, presque tous ont commencé d'une façon plus ou moins modeste et se sont successivement agrandis. *Pygmalion*, le *Bon Marché* en sont là, comme était le *Printemps*. On fait de bonnes affaires, on achète l'immeuble voisin, on perce les murs de vastes baies, on en construit d'autres, invariablement en pans de bois; si les pièces ne sont pas au même niveau, on les réunit par des escaliers, on installe des ascenseurs pour la commodité du public, etc.

Eh bien, qu'on le sache :

Ces murs en pans de bois sont des morceaux d'amadou;

Ces vastes baies dont on les perce facilitent la propagation du feu bien plus que la circulation du public;

Et les ascenseurs constituent des cheminées d'appel qui font, en un clin d'œil, grimper l'incendie du rez-de-chaussee au faîte de la maison, en mettant sa carte de visite aux étages intermédiaires.

Entre un pareil cadre, bondé de comptoirs, de rayons, d'armoires en bois verni, d'étoffes légères et de menus objets de fantaisie, sillonné de conduites de gaz, etc., et un monceau d'étoupes, quelle différence y a-t-il? Voulez-vous nous le dire? Nous, nous n'en voyons pas.

Donc :

Plus de murs en pans de bois : des briques revêtues de plâtre, voilà la solidité et la sécurité.

Séparation de chaque étage en ilots ou quartiers isolés les uns des autres par des vannes en fer, comme la scène des théâtres l'est de la salle et de l'arrière-scène quand il y en a une, et fermeture de ces vannes tous les soirs, pour la nuit. Ce ne sera pas beau, dira-t-on? La belle affaire si cela sauve votre fortune et le pain de vos employés! D'ailleurs, soyez tranquilles! Le jour où ce système passera dans la pratique, les ouvriers parisiens ne seront pas longtemps à vous transformer cette laide ferrure en un ornement.

Installation de ces vannes à droite et à gauche des cages d'escalier et de l'ascenseur, de manière à les isoler complètement et éviter le tirage puissant qu'exerce en s'y engageant l'air surchauffé des étages inférieurs, lorsque le feu y a pris.

Enfin, suppression du gaz et éclairage à la lumière électrique.

Voilà les précautions qui s'imposent à l'ossature même de bâtiments pareils, et que nous appellerons les moyens de défense passive. Voyons maintenant la défense active. . .

. . . .

Dans des bâtiments pareils à ceux dont nous nous occupons, il ne saurait s'agir de procédés *analogues* à ceux des théâtres : ce sont des procédés *identiques* qu'il faut y employer. Donc, de deux en deux murs de refend, des colonnes montantes partant d'une conduite maîtresse d'eau en pression, et poussées jusqu'au faîte. Sur chacune d'elles et à chaque étage, un établissement, c'est-à-dire un boyau de seize mètres, vissé sur un robinet à boisseau, terminé par une lance, et renfermé dans une armoire. Dans cette armoire ou à côté d'elle, au milieu d'un petit cadre recouvert d'une vitre que l'on brise au moment opportun, un bouton électrique communiquant avec un tableau numéroté placé dans le cabinet du directeur, du veilleur-chef ou de tout autre employé, mais d'un employé toujours présent et ayant des instructions précises. Enfin, dans ce même cabinet, un avertisseur électrique de feu, mis en relation avec le bureau télégraphique de notre quartier général.

L'an dernier, la préfecture de police a fait afficher un avis relatif à l'établissement facultatif des fils électriques entre les principaux magasins, les grandes usines, etc., avec notre cabinet. Mais cet avis n'était point conforme dans sa rédaction, qui avait été modifiée par les bureaux de l'administration, à celui que nous lui avions soumis, et nous le regrettons. Amour-propre d'auteur, sans doute, probablement même. Cependant nous devons prendre acte de ce que presque tous les industriels qui se sont mis en communication électrique avec le service d'incendie jusqu'à ce jour ne l'ont fait qu'après être venus nous demander des explications sur la situation qui leur serait faite par cette combinaison, sur laquelle le susdit avis ne les avait que très imparfaitement éclairés.

Or le *Louvre est relié avec notre quartier général*, le *Bon Marché* aussi, le Printemps ne *l'était pas!*

Supposons maintenant que toutes les mesures actuellement en préparation dans notre service aient eu leur exécution.

Les neuf pompes à vapeur sont dans la remise, l'eau à demi-pression dans le réchauffeur annexé à la chaudière, les chevaux complètement harnachés, sauf la bride, dans leurs stalles derrière la pompe et le dévidoir, l'équipe bottée, les télégraphistes à leur poste.

Les bouches d'eau sont percées de cinquante mètres en cinquante mètres et en quinconce le long du boulevard Haussmann, des rues Tronchet, Auber et du Havre (grandes artères), à cent mètres en moyenne, un peu plus, un peu moins, pour les placer autant que possible aux carrefours, dans les rues de Provence, Caumartin, etc.

Voilà pour les obligations de la ville; au *Printemps*, le travail est commencé, les vannes en fer sont donc levées; mais l'eau est en pression dans les colonnes montantes, et il y a quelqu'un près du tableau télégraphique central de l'établissement.

Il est cinq heures cinquante du matin, le feu prend dans des magasins comme ceux du *Printemps*. On entoure de trop de garanties l'acceptation des employés (un nombre très appréciable des employés inférieurs est fourni par les sapeurs libérés de notre régiment, qui sont très recherchés) pour qu'il n'y ait pas cent à parier contre un, que celui devant lequel le feu s'est déclaré tombera sur l'armoire voisine, pressera le bouton d'alarme, tournera le robinet, déploiera la garniture et combattra l'incendie, qu'il éteindra très probablement à lui seul. Mais supposons cependant qu'il perde la tête, comme on prétend que cela a été le cas : il n'y aura jamais à ajouter aux chiffres ci-dessous que la minute ou les deux minutes qui se passeront avant que l'employé du bureau central ait entendu le cri : *Au feu!* et *poussé le bouton* qui donne le signal d'alarme.

Donc de 5 h. 50 à 5 h. 51 :

Signal de l'employé au bureau central;

Signal du bureau central au colonel;

Signal du colonel aux cinq pompes à vapeur les plus voisines.

A 5 h. 52, les cinq pompes sont au galop.

Pompe de la rue de Rome : 900 mètres, 3 minutes de chemin : en manœuvre à 5 h. 57.

Pompe du Château-Landon : 2.700 mètres, 7 minutes de chemin : en manœuvre à 6 h. 1.

Pompe de l'État-Major : 2.900 mètres, 8 minutes de chemin ; en manœuvre à 6 h. 2.

Pompe de Passy : 3.900 mètres, 11 minutes de chemin ; en manœuvre à 6 h. 5.

Pompe de Ménilmontant : 4.800 mètres, 13 minutes de chemin : en manœuvre à 6 h. 7.

Il y aurait donc eu *cinq pompes* à vapeur du nouveau modèle, c'est-à-dire très puissantes, en manœuvre sur le *Prin-*

temps, dix minutes avant qu'il y en ait eu *une* seule le 9 mars dernier; de plus, ces pompes auraient *trouvé de l'eau* à pied d'œuvre aux bouches *a, b, c, d, e*, et leurs jets auraient passé par-dessus les maisons sans que nous fussions obligés de risquer la vie de nos sapeurs en leur faisant porter la lance jusque dans les combles; avec quelque intensité que le feu se fût déclaré, il n'aurait pas dépassé deux ou trois pièces, et les dégâts n'atteindraient pas 300,000 francs.

Et nunc erudimini.

Dans cet incendie du *Printemps*, il y eut aussi, de la part des pompiers, des actes de dévouement admirables.

Citons, comme exemple, le récit suivant qui concerne le caporal Havard et les sapeurs de service :

« Les pompiers, cependant, racontait M. de Fourcaud, continuaient leur besogne de sauvetage, avec cette abnégation dont ils sont coutumiers. Plusieurs des leurs étaient tombés; ils le savaient, ils ne s'arrêtaient point. Les uns grimpaient sur des cordes à nœuds, la hache au poing, et pénétraient par des ouvertures d'où le flamboiement se dégageait. D'autres disputaient à l'incendie les marchandises amoncelées.

» Les machines à vapeur mêlaient leur respiration, comparable à un gémissement, à tous les cris, à tous les tapages, et l'eau bondissait toujours, par jets démesurés, dirigée tantôt sur le toit, tantôt sur les croisées (1).

» Pendant qu'on sauve, au troisième étage, dans les appartements de l'administration, les livres de compte et la caisse centrale, la toiture du *Hall* s'écroule avec fracas. Un pompier disparait sous le plafond qui s'effondre.

» Aussitôt on se précipite à son secours. Il ne peut bouger, il crie, on va chercher des cordages, et enfin, au bout d'une demi-heure on le retire de dessous ces décombres à moitié embrasés. Ce malheureux est un caporal du nom d'HAVARD. Au moment où il a été surpris par l'effondrement, il cherchait

(1) Le *Gaulois*, 10 mai 1881.

à parvenir jusqu'à une bouche d'eau installée dans la partie des magasins affectés aux « tapis. »

» Lorsqu'on a pu arriver jusqu'à lui, son corps ne présentait plus qu'une plaie, sa peau s'en allait par lambeaux. On l'attache à l'aide d'une corde et on le descend par une des fenêtres du premier étage du boulevard Haussmann. Le colonel PARIS accourt avec des officiers :

» — Demain, tu seras décoré, dit-il au brave soldat.

» Mais celui-ci n'entend rien, n'écoute rien. La souffrance l'empêche de rien comprendre, on le transporte à la pharmacie, on lui donne les premiers soins et il est aussitôt dirigé vers l'hôpital Beaujon, où il expire en arrivant (1). »

On fit à ce pauvre soldat de belles funérailles, et voici le discours prononcé par M. le colonel Paris.

« MESSIEURS ET MES CHERS CAMARADES,

» C'est avec une douloureuse mais légitime fierté que le régiment des Sapeurs-Pompiers de Paris vient de conduire à sa dernière demeure une nouvelle victime du devoir professionnel.

» Incorporé depuis peu, Havard n'avait pu encore acquérir le sang-froid, la rapidité de décision nécessaires dans les luttes que nous avons à soutenir contre notre ennemi de tous les instants.

» Mais il possédait les mâles vertus et le sentiment de dévouement et d'abnégation sans lesquels on n'a pas le droit de porter notre uniforme, cet uniforme que Paris chérit!

» Fidèle à notre devise : « *Mourir en faisant son devoir*, » il est mort comme les MARAIS, les HARTMANN, les BEAUFILS et les BELLET, et son nom viendra s'ajouter à la liste des victimes de la vaillance et du dévouement! cette liste est *notre livre d'or!*

» La présence à ses obsèques des sommités du gouverne-

(1) Le *Gaulois*, 10 mars, 1881.

ment, de l'armée, de la ville, de l'administration, sont un hommage de respectueuse gratitude rendu au nom de la France républicaine à la vaillance du sapeur HAVARD. »

Se retournant vers la tombe entr'ouverte, le colonel Paris a ajouté d'une voie émue :

« Adieu donc pour nous tous, *mon pauvre sapeur*, adieu, ou plutôt au revoir ! »

IV

CE QU'IL FAUDRAIT FAIRE POUR LES THÉATRES

Un arrêté du Directeur, en date du 1er Germinal an VII, nous montre que l'on s'occupait déjà de la sécurité des spectateurs contre l'incendie.

Il y est dit, entre autres choses :

« Art. 2. — Les directeurs et entrepreneurs de spectacles seront tenus de disposer *dans la salle un réservoir toujours plein d'eau*, et au moins une pompe continuellement en état d'être employée.

» Art. 6. — A la fin des spectacles, *le concierge, accompagné d'un chien de ronde*, visitera toutes les parties de la salle pour s'assurer que personne n'est resté caché dans l'intérieur et qu'il ne subsiste aucun indice qui puisse faire craindre un incendie. »

Art. 9. — Tout théâtre dans lequel les précautions et formalités ci-dessus prescrites auront été négligées ou omises un seul jour sera *fermé à l'instant*.

Déjà aussi en 1882, après les incendies du Ring-Théâtre et du théâtre de Nice, le colonel des Sapeurs-Pompiers de Paris avait fait un rapport très détaillé sur la situation des divers théâtres de Paris. Ce rapport demandait de grands travaux de précaution qui ne furent pas exécutés surtout dans les théâtres dépendant de l'État.

Le rapport disait que, de tous les théâtres parisiens, ce sont ceux de l'État qui sont le plus mal défendus contre le feu.

Le colonel Paris disait encore que dans les conditions particulières où se trouvait l'Opéra-Comique, cette scène était la plus dangereuse de tout Paris.

L'histoire des incendies des théâtres parisiens a surabondamment démontré l'insuffisance, pour les combattre, des pompes à bras : les pompes à vapeur peuvent seules venir à bout d'un pareil foyer. Or, si vous voulez bien considérer, M. le Préfet, que les pompes à vapeur les plus rapprochées de l'Opéra-Comique auraient près de 2,500 mètres à parcourir au milieu des rues les plus populeuses de Paris, si vous tenez compte du peu de largeur des rues Favart et Marivaux, vous comprendrez certainement que, *si un feu éclatait à l'Opéra-Comique et n'y était pas éteint au bout de cinq minutes à l'aide des secours en place, nul ne peut prévoir à quel degré d'intensité il arriverait et quelles en pourraient être les conséquences.*

Le colonel signalait aussi les dangers causés par l'existence, en pleine capitale, dans un îlot de maisons habitées, du magasin de décors de la place Louvois, où les secours en eau ne sont pas organisés ; par l'exiguïté de la scène de l'Opéra-Comique, encombrée de décorations et de toiles — (rien n'a été changé à cet état de choses) ; par le fouillis inextricable des charpentes presque contiguës : par le petit nombre et l'étroitesse des portes de dégagement. Tout cela a subsisté tel quel jusqu'au 25 mai dernier !!!!

On a reculé devant la démolition totale et la reconstruction nouvelle. Quatre années se passent, un commencement d'incendie se produit, et en 1886, on se souvient de ce rapport prophétique.

MM. Goblet et Sadi Carnot présentent alors un projet de loi constatant que « la situation est trop déplorable pour qu'il ne soit pas urgent d'y porter remède, » et comportant l'expropriation de l'immeuble adossé, l'isolement et l'agrandissement du théâtre. Il fallait d'abord procéder à la fermeture et s'y résigner pour un an que devaient durer les travaux.

Malheureusement, on n'avait pas plus d'argent en 1886 qu'en 1887, et le Conseil des ministres, reculant encore une fois devant la dépense, n'adopta point ce projet. M. Turquet raconte ce détail, d'autant plus navrant aujourd'hui que tant de gens sont *sur la paille* et tant de victimes *dans la tombe:*

On objecta que fermer l'Opéra-Comique causerait un préjudice considérable à M. Carvalho et que l'on ne pouvait mettre « sur la paille » les quatre ou cinq cents personnes que le théâtre occupait.

Nous allons d'ailleurs donner le compte-rendu de la séance du Conseil municipal du 6 juin 1887 où le colonel Couston prit la parole :

L'ordre du jour appelle la question de M. de Bouteiller à M. le Préfet de police sur les mesures à prescrire dans les théâtres de Paris pour assurer la sécurité du public et du personnel de ces théâtres.

M. de Bouteiller constate tout d'abord que la responsabilité du Conseil n'est engagée à aucun titre dans le débat, et qu'en diverses circonstances, notamment lors de l'incendie des théâtres de Nice et de Vienne, le Conseil avait appelé l'attention de l'administration sur les mesures qu'il convenait de prendre pour assurer la sécurité du public dans les théâtres. Ainsi avertie, l'administration avait prescrit certaines mesures dont l'exécution n'appartenait qu'à elle seule, le Conseil n'ayant aucun pouvoir, aucun contrôle, aucun moyen de surveiller l'exécution de ses délibérations.

L'orateur examine ensuite comment les mesures prescrites ont été observées à l'Opéra-Comique et en général dans les autres théâtres de Paris, et s'il ne conviendrait pas d'en adopter de nouvelles.

La parole est à M. Couston, colonel des Sapeurs-Pompiers :

« Messieurs, ce n'est qu'un soldat qui va parler. Je vous demande donc toute votre patience pour ma parole, que vous trouverez certainement très insuffisante.

» J'exposerai d'abord la situation au point de vue de la

défense contre l'incendie du public, du personnel et du matériel.

» Je dirai ce qui a été demandé par la Commission supérieure des théâtres, ce qui a été demandé en dehors d'elle et qui est également indispensable, peut-être plus ; et enfin, quand je penserai avoir suffisamment exposé la situation, je passerai en revue les incidents de l'affreuse catastrophe qui jamais ne sortira de nos mémoires.

» Si vous voulez bien ensuite m'adresser toutes les questions que vous voudrez, je m'efforcerai d'y répondre dans la limite de mes attributions et de mes devoirs professionnels.

» Tous les théâtres de Paris offrent de tels dangers que, pour bien vous les faire saisir, je demande la permission de citer un exemple personnel.

» Quand je suis arrivé au régiment des Sapeurs-Pompiers en 1882, succédant au colonel Paris, qui m'avait rendu la voie facile, j'ai conduit ma famille au théâtre. *Quand j'ai vu comment les théâtres étaient installés, je ne l'y ai plus jamais menée.*

» J'ai dit que c'était un soldat qui parlait. Il ne s'ensuit pas d'ailleurs que je ne sois plus allé au théâtre, puisque mes fonctions m'y obligent.

» Un théâtre se compose de trois parties qui devraient être absolument distinctes : la salle, la scène et la partie réservée au personnel du théâtre.

» Dans les villes comme Vienne, où l'on a été beaucoup éprouvé, Munich, où l'on aime beaucoup le spectacle, on a à peu près tout prévu. On a absolument isolé les trois parties, ou tout au moins on a séparé les deux dernières de la scène. Pour cela, il faut construire un mur allant du rez-de-chaussée jusqu'au faîte des constructions latérales. Ce mur sera percé par une baie où se trouve le rideau. Ce rideau doit être en fer, et non pas à mailles de cinq à six centimètres, mais j'insiste sur ce point, en fer plein.

» De chaque côté de ce rideau, dans la muraille ainsi établie, il faut percer des portes de circulation qui doivent être en fer et battantes, c'est-à-dire se fermant d'elles-mêmes. Enfin il ne doit y avoir aucune espèce de communication entre la scène et la salle ; latéralement à la scène, on doit aussi établir un mur de même nature, côté cour et côté jardin ; de la sorte, la scène sera — c'est le but à atteindre — complètement isolée : en outre, le sommet de la scène devra présenter des ouvertures qui, sans doute, resteront fermées ordinairement, mais qui serviront en cas d'appels d'air et lorsqu'il se présentera des craintes d'incendie.

» Dans les théâtres dont je viens de vous parler — autrichiens et bavarois — on a adopté le rideau de fer que, mécaniquement, on peut abaisser en faisant, en même temps, s'ouvrir les vantaux.

» Dès que le feu se déclare, il y a donc séparation complète entre la scène, d'une part, et la salle, les locaux d'administration, les loges d'autre part : — et en même temps il se produit un vif appel d'air en haut.

» Ces dispositions sont excellentes et il est facile de se rendre compte de leur bien-fondé. Voyez une chambre d'appartement ! Combien de feux de cheminée se déclarent dans les maisons de Paris ; grâce à l'appel d'air de la cheminée, il est rare que le feu gagne l'appartement même.

» Il s'agit donc, en somme, de faire, dans les théâtres, de la cage de la scène, une véritable cheminée de chambre à coucher.

» Je dis : Il s'agit de faire, car, hélas ! si l'on demande si ces dispositions essentielles ont été prises dans quelques théâtres de Paris, on est obligé de dire : Dans aucun.

» Je passe, messieurs, la question de l'éclairage des théâtres.

» Évidemment, la lumière électrique diminue considérablement les dangers d'incendie, mais encore faut-il que les machines productrices d'électricité ne soient pas trop rapprochées de la scène et de la salle.

» Si les caves sont bien voûtées, si l'échappement des vapeurs se fait régulièrement, ces machines peuvent, sans doute, être à une proximité relative de la scène ; mais dans le cas contraire, on peut redouter que des vapeurs, de la fumée, ne pénètrent dans la salle — y portant des paniques meurtrières.

» Donc, en somme, les machines productrices d'électricité doivent être installées assez loin de la salle.

» D'autre part — précaution indispensable — la lumière doit être décomposée en autant de parties que le théâtre comporte de locaux. Il faut une machine productive spéciale pour l'éclairage de la salle, une autre pour la scène, une troisième pour les loges, une autre enfin — et surtout — pour les couloirs et escaliers.

» Il est de toute nécessité, en effet, que si l'éclairage manque sur un point, il subsiste sur les autres. De façon que, en cas d'accident, de panique, le public ne soit pas plongé dans l'obscurité et puisse s'écouler normalement, sans se tromper de route, se dirigeant sans tâtonnement et sans perte de temps vers les issues qui ne sont guère connues d'une façon précise que par les quelques abonnés du théâtre.

» Sur ce point, je ne crois pas qu'il ait autre chose à souhaiter.

» Pour l'eau, nous disposons dans les théâtres de moyens d'action insuffisants. L'eau en pression dans les conduites de ville alimente des colonnes montantes, généralement au nombre de deux au fond de la salle, avec robinets à chaque étage et pourvues de tuyaux et de lances.

» Il y a ensuite ce qu'on appelle le grand secours. C'est une série de pommes d'arrosoir alimentées par une grande couronne placée autour de la coupole du théâtre. Quand on débarre le robinet situé au bas, une nappe d'eau couvre la scène. Mais on conçoit que, vu les dégradations possibles, l'expérience de cet appareil soit difficile à faire. Néanmoins, son installation est indispensable ; il est même bon qu'il soit pourvu d'un système faisant couler une nappe d'eau le long du rideau de fer plein que l'élévation de la température pourrait faire gondoler, ce qui donnerait issue aux gaz.

» Quant aux différentes parties de la salle, il faut que les couloirs aient une largeur permettant à la circulation de s'opérer aisément. Il faut que les fauteuils soient pourvus d'un passage circulaire et médian facilitant l'écoulement des spectateurs de l'orchestre et du parterre. Ce passage n'existe nulle part, car il entraînerait la suppression des loges du fond et des strapontins. Bref, la situation des théâtres est absolument industrielle.

» Il faudrait aussi que les baignoires s'ouvrissent sur la salle au moyen de deux vantaux. Le parterre et l'orchestre pourraient fuir par là.

» C'est par les escaliers que pèchent tous les théâtres, non seulement de Paris, mais de France. Je le sais, parce que nos archives sont pleines de lettres de directeurs de province ou autres nous demandant des avis.

» La situation n'est pas la même en Hollande, en Belgique et aux États-Unis, où vous m'avez fait l'honneur de m'envoyer.

» Il en est des théâtres de Paris comme de tous les théâtres de France. La façade est belle, la marquise est magnifique, c'est une sorte d'entrée d'honneur à laquelle tous les escaliers aboutissent et par laquelle le public en toilette se plaît à passer.

» Que faut-il pour empêcher cela ? Il faut qu'à chaque porte un escalier corresponde : il faut que cet escalier aille du rez-de-chaussée à l'étage le plus élevé ; il faut que cette disposition existe pour la scène comme pour la salle, et enfin, c'est un point important, il est nécessaire d'y habituer le public.

» Mais comment faire prendre au public cette habitude ?

» Messieurs, c'est en établissant une queue à chaque porte, en donnant à chaque porte, ainsi que le prescrit une ordonnance de 1881, une largeur de un mètre cinquante pour le passage de mille spectateurs.

» Ces portes existent bien en général, mais pour les utiliser il faut à chacune d'elles un contrôleur; et ce contrôleur, on ne l'y met pas.

» M. LE COLONEL DES SAPEURS-POMPIERS. — Oui, pour habituer le public à entrer et à sortir par toutes les portes, il faut qu'il y ait à chaque porte et un contrôleur et tout le personnel nécessaire aux entrées !

» M. DE BOUTEILLER. — C'est l'affaire des directeurs.

» M. LE COLONEL DES SAPEURS-POMPIERS. — Je n'examine pas en ce moment à qui cette obligation incombe, je me place au seul point de vue de l'intérêt public. On compléterait l'usage que j'indique, en délivrant à chaque spectateur un ticket d'une couleur spéciale à chaque porte (chaque porte aurait donc sa couleur), et ce ticket n'empêcherait pas le spectateur de circuler librement dans toutes parties de la salle, mais il l'obligerait à ne sortir que par la porte où il est entré. Le public arriverait ainsi à connaître toutes les issues et, le jour où un incendie se déclarerait, il sortirait par toutes les portes.

» Dans l'incendie de l'Opéra-Comique, au contraire, qu'est-il arrivé? La plupart des spectateurs, ne connaissant qu'une issue, se sont tous précipités vers elle. Il est même arrivé que quelques personnes qui connaissaient la disposition des lieux ont pris des lampes pour se conduire et ont voulu guider vers d'autres issues le public affolé. On a refusé de les suivre.

» C'est là une preuve décisive de la nécessité qui s'impose d'habituer le public à user de toutes les sorties.

» Voilà, Messieurs, les dispositions que je préconise pour les escaliers. Ceci examiné, nous aboutissons au premier étage que nous traiterons comme nous avons traité les fauteuils d'orchestre et de parterre : nous éventrerons la loge du fond, nous multiplierons les portes de sortie, toujours en supprimant tous les strapontins.

» Nous agirons de même pour les étages supérieurs, et s'il en résulte une diminution dans le nombre des places, la sécurité des spectateurs en sera considérablement accrue.

» En outre, il serait nécessaire quand, en dépit des précautions prises, un théâtre vient à brûler — et depuis quatre-vingts ans il a brûlé cent vingt théâtres — qu'on pût se prémunir contre le mauvais fonctionnement du rideau de fer et du grand secours.

» Il peut arriver telle circonstance imprévue qui empêche ces appareils de fonctionner; il peut y avoir la malveillance — car si épouvantable que soit cette supposition, elle peut se réaliser; — il faut que le public puisse évacuer la salle rapidement et se réfugier à l'extérieur du monument.

» Pour cela, il suffirait d'adopter la disposition qui existe au Théâtre-Français et qui consiste en l'établissement de nombreuses portes vitrées donnant sur des balcons.

» Quand ces issues seront établies à tous les étages, si le rideau de fer ne fonctionne pas, si l'incendie gagne la salle, le public n'aura qu'à se réfugier sur ces balcons, où les spectateurs n'auront qu'à attendre les secours. Et, de plus, si ces personnes prennent peur et ne veulent pas attendre, on pourrait leur donner le moyen de gagner la rue par l'extérieur à l'aide d'escaliers de tramways auxquels tous les Parisiens — les dames mêmes — sont habitués à présent. On a objecté à cette proposition les dangers de vol; mais il n'est pas nécessaire que ces escaliers extérieurs aboutissent juste au sol: on pourra prendre telles mesures pour empêcher les voleurs d'accéder à ces escaliers.

» Telles sont, Messieurs, les mesures que je propose pour permettre aux spectateurs de descendre par l'extérieur même des monuments.

» Qu'est-il arrivé à l'Opéra-Comique? C'est que certains spectateurs, perdant la tête, sont montés au sommet du théâtre au lieu de descendre.

» Eh bien, il suffirait, pour parer au danger que courent ces spectateurs, de relier le toit du théâtre avec les toitures des maisons voisines. Ainsi, à l'Opéra-Comique, nombre de gens ont été descendus de la dernière rampe. Où étaient-ils?

Ils étaient appuyés au mur de la maison qui borde le boulevard et qui est contiguë à la scène.

» Ces malheureux seraient certainement passés sur le toit de cette maison d'où ils auraient pu gagner les escaliers ; mais ils en ont été empêchés par une barrière garnie de pointes qui surmonte le toit de cet immeuble.

» Donc, Messieurs, relier le sommet du théâtre au faîte des maisons contiguës, c'est ménager une nouvelle issue certaine aux spectateurs et augmenter dans une large mesure la sécurité dans les théâtres.

» En somme, un théâtre établi dans les conditions que je viens d'énumérer présente de grandes garanties de sécurité. Cependant, il ne faut pas oublier qu'il y a quarante ans, dans un théâtre du sud de l'Amérique, un mauvais plaisant s'étant avisé de crier : « Au feu ! » une panique se produisit et quatre cents personnes furent écrasées.

» Il y a à se préoccuper aussi de la sécurité du personnel théâtral. Il peut arriver — nous avons parlé des moyens de sauvegarder ce personnel dans les loges — qu'un grand nombres d'artistes, figurants, machinistes, etc. soient en scène quand l'incendie éclate. Eh bien, il faut qu'ils puissent s'échapper, et pour cela il faut que les portes battantes ne soient pas fermées ou qu'elles puissent s'ouvrir facilement.

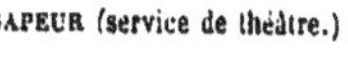

SAPEUR (service de théâtre.)

» Il y a lieu de remarquer, en outre, qu'avec la cheminée d'appel dont j'ai parlé plus haut, le feu se répandra plus facilement, il est vrai, mais le calorique sera moins considérable, et c'est là un point essentiel. Ainsi à l'Opéra-Comique comme dans les autres théâtres, il n'y a jamais moins de cinquante degrés aux grilles. Eh bien, s'il y a en haut un grand appel d'air, la chaleur s'en ira avec tous les gaz dangereux.

» En dehors de toutes les causes de dangers que nous avons passées en revue, il y a encore les portants, les herses qui sont un peu les unes sur les autres, les frises qui sont extrêmement serrées. C'est là une nouvelle source de dangers qui existera toujours.

» Il y a encore une précaution indispensable que vous connaissez tous. Il s'agit non pas de l'incombustibilité des matériaux, elle est impossible, mais de leur ininflammabilité. Tous les décors, portants, boiseries et tentures de toutes sortes, aussi bien dans la salle que sur la scène, devraient être enduits de produits rendant leur inflammation au moins très longue et très difficile.

» Ne croyez pas que l'installation de tous les moyens de défense que je viens de vous signaler entraîne de longs délais.

» Depuis cinq ans, j'ai reçu une quantité innombrable de demandes de toutes sortes de constructeurs, d'inventeurs, de chimistes, etc. Il en est de même pour le rideau de fer; je le répète, nous avons des offres pour tout.

LE SAUVETAGE

» Je voudrais maintenant vous demander la permission de vous dire un mot du sauvetage.

» C'est une question palpitante que j'ai traitée dans le rapport dressé à la suite de mon voyage à Londres, rapport dont les conclusions m'ont été confirmées par ce que j'ai vu au cours de mon voyage aux États-Unis.

» Il est impossible que, dans un immeuble qui ne possède

pas ses propres moyens de sauvetage, la sécurité des habitants soit assurée. Quelle que soit la rapidité avec laquelle accourent les sapeurs avec leur matériel, ils ne peuvent être là avant le commencement de l'incendie, ni même au moment où le feu éclate.

» Dans chaque maison il faudrait que, outre le grand escalier et l'escalier de service qui devraient être complètement séparés, il y eût à l'extérieur un escalier ou une série d'escaliers descendant des balcons jusqu'à la rue. En Amérique, où cela existe, l'aspect est fort laid, parce que, gens trop pratiques pour encombrer les cours, les Américains ont placé leurs escaliers sur la rue.

» A Paris, rien ne serait plus facile, tout en respectant les façades de nos maisons, de pratiquer sur la cour des échelles fixes de sauvetage. Ces cours devraient être munies à chaque étage d'un balcon relié par l'échelle de sauvetage.

» On devrait, à mon avis, demander à chaque propriétaire de pourvoir son immeuble de ces installations, et, pour cela, les inventeurs ne manquent pas, nous en recevons tous les jours, nous expérimentons tous leurs appareils et nous faisons un rapport à M. le préfet de police, qui est ainsi mis à même de les juger et de les adopter s'il le croit bon.

» Parmi les inventeurs, il y en a un, je ne veux nommer personne, car il ne me convient pas de faire de réclame à qui que ce soit, il y a, dis-je, un inventeur qui a imaginé une échelle excellente.

» Cette échelle consiste en un escalier perpendiculaire à la façade de la maison et se replie à volonté dans une cavité ménagée à cet effet. On peut installer cet appareil partout et sans défigurer la façade de nos maisons.

» De cette façon, on aurait, outre les deux escaliers dont j'ai parlé, cette échelle qui rendrait les plus grands services.

» Mais les propriétaires n'en voudraient pas, car ils ne pourraient pas, disent-ils, louer leurs maisons ; ils craignent les malfaiteurs. Et cependant, ne peut-on pas fermer les portes de ces échelles comme on ferme les portes des maisons ? C'est une mesure à demander, et je suis persuadé que nos architectes sauraient faire de ces échelles des objets moins lourds que ceux qui existent à toutes les maisons d'Amérique.

» On nous a dit : « Mais pourquoi n'avez-vous pas des échelles dans la rue comme à Londres ? » D'abord, il n'y en pas dans toutes les rues, et ce n'est qu'aux abords des monuments et là où l'emplacement le permet.

» Ces échelles ne sortent que le soir, car Londres n'a pas comme Paris de nombreux postes-vigies permanents. Ces échelles, donc, sont portées par des voitures rouges qui ressemblent un peu à celles d'un magasin bien connu à Paris. Les pompiers y sont couchés et y passent la nuit pour ne rentrer que le matin.

» Mais il y a un élément dont il faut tenir compte, c'est que, en Angleterre, les 19/20 de la population sont fournis par les marins qui, la nuit, descendent à terre. Or tous ceux qui ont été marins ont fait de la gymnastique. En France, ceux mêmes qui auraient dressé l'échelle ne voudraient peut-être pas y monter. Nous avons des échelles, mais pour nous la difficulté est de les loger dans les postes de nos pompes à vapeur.

» M. le colonel Pâris en avait commandé une pour laquelle le prix de 6.000 francs avait été fixé. L'inventeur et le constructeur dépensèrent 14,000 francs pour l'établir. Au premier essai sur un terrain meilleur que les rues de Paris, elle se comporta assez bien.

» On a amené cette échelle à Paris. Je lui ai fait parcourir, à grand train, quatre ou cinq kilomètres dans les quartiers de Paris où le pavé était le moins bon, et il a fallu la laisser de côté. Cependant, en présence de la situation intéressante de l'inventeur et du constructeur, nous l'avons réparée; mais au bout de quelque temps, il a fallu définitivement l'abandonner.

» C'est alors qu'après avoir pris connaissance de différents types d'échelle, j'ai fait construire les échelles dont nous nous servons aujourd'hui (1).

» Mais ces échelles ont une dimension bien plus considérable que le modèle prévu par mon prédécesseur. Il en résulte que, ne pouvant les remiser, nous sommes obligés de les placer sur les trottoirs aux abords des postes de pompiers.

» Nous recevons, à ce sujet, des plaintes nombreuses : des commerçants se plaignent que nos échelles masquent leurs magasins et empêchent les voitures d'en approcher.

» Aussi, lorsqu'on nous propose de placer des échelles partout, je me demande où nous pourrions les mettre. Car, remarquez bien, Messieurs, qu'il ne s'agit pas que des théâtres ; nous avons aussi à nous préoccuper de ces grands ateliers où se trouvent entassés cinq à six cents ouvriers et qui sont situés dans des quartiers à rues étroites où il serait impossible de laisser stationner ces échelles d'une façon permanente.

» Enfin, j'ajoute que jamais l'échelle ne se trouvera sur le lieu de l'incendie au moment où le feu éclatera. Ce qu'il faut, c'est persuader aux habitants de Paris qu'ils doivent avoir chez eux des moyens de sauvetage.

» Remarquez, Messieurs, que toutes les mesures dont je viens de parler ne sont pas nouvelles. Il y a dix ans que la Préfecture de police les propose ; elle en a même inséré un très grand nombre dans ses ordonnances. La Commission supérieure des théâtres, de son côté, les a inscrites dans ses dispositions générales.

» En outre, une sous-commission, dite Commission d'épreuve, passe chaque mois dans tous les théâtres pour vérifier si ces dispositions ont été appliquées et signaler celles qui ne l'ont pas été.

» Le commissaire de police en prend note et transmet son rapport à la Préfecture de police, qui donne des ordres.

(1) Voir le chapitre consacré aux *échelles de sauvetage*.

» Certains théâtres s'y conforment; d'autres, non. Mais je n'ai pas à m'occuper de cette question.

» Mais j'affirme que, toutes les fois que j'ai proposé à mes chefs une amélioration quelconque, j'ai été accueilli avec beaucoup d'empressement : je ne doute pas qu'ils aient cherché à les faire prévaloir. Reste à savoir s'il était en leur pouvoir d'en imposer l'exécution. »

M. le colonel des Sapeurs-Pompiers passe ensuite au service des pompiers dans les théâtres.

« Tous les jours dans chaque théâtre. il y a un service de grand'garde qui varie suivant l'importance du théâtre. Les pompiers sont envoyés dans chaque théâtre par la même caserne. Ils le connaissent donc, ils le connaissent plus ou moins. parce que, comme vous le savez. l'effectif se renouvelle fréquemment au régiment des Sapeurs-Pompiers.

» A l'Opéra-Comique. les pompiers étaient commandés par un sergent qui y venait pour la septième fois, et eux-mêmes y venaient la plupart pour la vingt-cinquième et trente-deuxième fois. Ils connaissaient donc le théâtre à fond pour y avoir vécu.

» Quelle est la responsabilité des Sapeurs-Pompiers à l'intérieur du théâtre ?

» Le sergent a entre les mains la liste des prescriptions édictées par la Commission supérieure des théâtres et par la Sous-Commission des théâtres.

» Il prend cette liste et il note celles des prescriptions qui ne sont pas remplies,

» Quand l'officier de ronde passe, le sergent lui dit : « Il manque ceci, il manque cela. » L'officier en rend compte à qui de droit.

» Mais le sergent n'a pas le droit de dire un mot dans les théâtres. et j'ajoute que cela est très heureux; car ce serait une source de discussions interminables. Il n'est pas autre chose qu'un gendarme qui doit faire observer les règlements.

» *Dans certains théâtres, les pompiers sont fort malmenés*

et soumis à un véritable martyre; et souvent, Messieurs, vous avez vu des personnes citées en police correctionnelle pour avoir insulté des pompiers.

» *Donc le sergent n'a rien à dire*; il ne peut que donner des ordres à son personnel. Mais le directeur de théâtre entend être maître chez lui. C'est donc le commissaire de police qui, en définitive, peut faire le nécessaire. Mais celui-ci n'est pas à chaque instant dans chaque théâtre; il n'y aurait pas pour cela assez de commissaires dans la ville de Paris.

» En fait, la défense de l'intérieur par les Sapeurs-Pompiers est absolument illusoire, c'est un véritable trompe-l'œil. »

M. le colonel Couston préconise ce qui se fait à cet égard aux États-Unis, dans tous les établissements publics, où le service contre l'incendie est fait par des hommes appartenant à l'établissement, ainsi que cela se fait dans quelques grands magasins de Paris et à la Banque de France.

L'orateur regrette que dans les théâtres il n'y ait pas de direction unique pour les secours contre l'incendie; à son avis, les machinistes seraient les meilleurs Sapeurs-Pompiers pour chaque théâtre.

Le colonel voudrait qu'on lui donnât chaque année cinq ou six hommes par département, qui resteraient cinq ans dans le régiment des Sapeurs-Pompiers et sauraient bien leur métier.

A L'OPÉRA-COMIQUE

M. LE COLONEL DES SAPEURS-POMPIERS. — J'arrive, Messieurs, à l'incendie de l'Opéra-Comique.

» Le feu a éclaté pour des causes qu'il sera difficile à connaître.

» Cependant, ma conviction là-dessus est toute faite.

» Bien qu'une enquête judiciaire soit ouverte, je crois

que ce que je vais dire ne pourra influencer l'opinion du juge.

» Quelques jours avant la catastrophe, une herse s'était brisée en tombant; elle avait été réparée, mais n'était pas en très bon état. Or vous savez que la moindre fissure à ces appareils communique le feu avec une rapidité foudroyante.

» Le feu a pris et s'est propagé si vite qu'il a été impossible de l'éteindre et porter les premiers secours.

» Quel a été le rôle de chacun de mes subordonnés dans cet incendie ?

» Le voici : le sergent de garde se tient à gauche de la scène, c'est-à-dire à la droite des spectateurs, à l'avant-scène cour, dans une guérite de garde. Le sergent de garde se tenait donc dans sa guérite. Le jeu avait commencé à sept heures dix minutes; à neuf heures, une frise enflammée tombe sur la scène. Immédiatement il sort, il monte au premier plan — car il faut qu'il sorte et qu'il monte au premier plan pour voir l'incendie et pour donner ses ordres. Or, pour arriver à cet endroit, il faut traverser divers obstacles qui ralentissent la marche. En premier lieu, une foule de personnes, pour voir le jeu des acteurs, se tiennent autour de la guérite du sergent de garde : quand celui-ci sort, il faut qu'il les écarte. Premier obstacle. En second lieu il faut, pour arriver au premier plan, que le sergent passe par des escaliers tortueux et qui sont en fort mauvais état dans presque tous les théâtres. Or quand le sergent de garde, malgré la rapidité de sa course, est arrivé à l'endroit où il pouvait voir, toute la scène était en flammes.

» L'embrasement avait été instantané. On s'est précipité sur les lances, mais il était trop tard. On sait, en effet, qu'il n'y a pas un pompier à chaque lance. Dans un établissement où il y a trente lances, il n'y a que huit pompiers de service, et si l'on voulait mettre un homme à chaque lance, il faudrait à Paris non plus un seul régiment, mais quatre régiments de Sapeurs-Pompiers! Ainsi donc, le temps pour chaque homme de courir à sa lance, et il était trop tard.

» Cette rapidité prodigieuse de l'embrasement est due à des causes diverses ; on doit, en premier lieu, signaler l'amoncellement des frises. On sait que les frises sont tellement rapprochées les unes des autres qu'elles ont à peine 20 centimètres d'intervalle, et que pour faire descendre ou remonter l'une d'elles on est souvent obligé de repousser les autres.

» Cette accumulation de frises était donc une cause d'embrasement rapide. Il en est une autre encore : il y a sur la scène des portes latérales donnant communication avec les loges du personnel des acteurs et des comparses. Ces portes qui, réglementairement, devraient toujours être fermées, sont en fait toujours ouvertes, parce que l'escalier unique, qui sert de communication en dehors de ces passages, étant étroit et incommode, le personnel est obligé pour circuler rapidement de passer par ces passages latéraux dont toutes les portes.. dis-je, sont, contrairement au règlement, continuellement ouvertes. Il en résulte un tirage d'air d'une puissance immense, qui active prodigieusement l'incendie.

» La puissance du feu a été telle qu'on a retrouvé des métaux en fusion qui annonçaient une chaleur de 1,500 degrés !

» Cette chaleur épouvantable a repoussé l'oxyde de carbone dans la salle où ce gaz est venu asphyxier les personnes qui se trouvaient dans les étages supérieurs ; c'est là, comme vous le savez, où on en a trouvé le plus grand nombre.

» Messieurs, j'en reviens à ce qu'ont fait les pompiers au début de l'incendie de la scène. *Le sergent a prescrit immédiatement à* son caporal d'aller sonner l'alarme pour les casernes, et, reconnaissant l'impossibilité de rien faire comme extinction, s'est occupé d'opérer des sauvetages.

» Le second pompier dont je parlerai est ce caporal qui a été sonner l'alarme ; après avoir averti les casernes, il a également procédé à des sauvetages et a pu en opérer un certain nombre.

» Le sapeur qui était dans les dessous, qui est un homme très énergique et très hardi, n'a vu le feu que par les cris des personnes sur la scène et le brouhaha de la salle. Il est monté sur la scène, et voyant qu'il ne pouvait pas se servir de l'établissement à sa portée, il a procédé également à des sauvetages.

ADJUDANT SOUS-OFFICIER
(grande tenue de service)

» Le sapeur placé au premier lointain s'est aperçu du feu qui venait d'éclater derrière lui et au-dessus de lui ; il a couru à son établissement et a ouvert le robinet qui coulait encore le lendemain.

» En somme, mes hommes se sont trouvés dans une situation où il leur était impossible de rien faire ; ils n'ont rien pu contre la soudaineté du feu ; un seul a pu ouvrir le robinet de sa lance.

» Ils ont été surpris d'une façon foudroyante par un feu qui a pris comme le feu prend toujours dans les matériaux surchauffés des scènes de théâtre.

» Dans les conditions où ces frises étaient disposées, il était impossible d'éteindre l'incendie à ses débuts. »

M. le colonel Couston défend énergiquement ses hommes, et il explique au Conseil comment les secours ont été organisés et les moyens employés pour éteindre le feu, si le feu avait pu être éteint.

« Mais à l'Opéra-Comique, dit-il, la fournaise était de celles que l'on n'éteint pas, et on s'est occupé immédiatement et principalement des sauvetages. Combien en a-t-on opéré ?

Il est bien difficile de le dire : mais pour ma part je déclare qu'il y en a eu au moins deux cents. Ils se sont effectués dans tous les sens, car pendant une demi-heure, les sapeurs ont pu parcourir le théâtre et sauver de nombreuses victimes, et je tiens à le constater, ils ont été aidés dans ce travail par de nombreux citoyens qui ont été dans cette circonstance admirables de courage et de dévouement.

» Un grand nombre de points étaient restés accessibles. Et cependant dans la buvette nous avons retrouvé vingt-six cadavres dont, je le constate à la honte de notre sexe, vingt-trois femmes. Je ne m'explique pas comment ces malheureux sont venus s'entasser dans cet endroit sans issue ; peut-être ont-ils été trompés par la lueur d'une lumière. Dans tous les cas, ils ont été rapidement asphyxiés par l'oxyde de carbone, et, d'après les constatations de M. le docteur Brouardel, ils ont été immédiatement empoisonnés par ce gaz délétère et n'ont pas souffert : quelques-uns même auraient succombé à la frayeur. Pour notre part, nous avons retrouvé assise dans sa loge une ouvreuse qui y avait été asphyxiée et n'avait même pas essayé de s'enfuir. . . . .

» J'ai adressé, Messieurs, un ordre du jour au régiment pour le féliciter de sa conduite. Dans cet ordre du jour, je ne cite les noms que de ceux qui ont obtenu un succès, c'est-à-dire de ceux qui ont opéré des sauvetages.

» Quant aux huit hommes de garde à l'Opéra-Comique, ce sont des braves, je m'empresse de le dire, des hommes loyaux, mais un peu naïfs, car ce sont de jeunes soldats, timides, incapables de se défendre.

» J'ai interrogé ces hommes, et tous se sont bien conduits : mais je n'en proposerai aucun pour une récompense, car ils n'ont pas réussi à éteindre le feu, ce que j'ai déclaré d'ailleurs impossible. Le soldat qui n'obtient pas le succès en matière d'incendie ne doit pas être récompensé.

» J'ai fini, Messieurs, tout prêt à répondre aux questions de détail ou d'ordre général que vous pouvez avoir à m'adresser. »

M. Strauss fait ressortir tout ce qu'il y a de singulièrement douloureux dans les déclarations pessimistes du colonel des Sapeurs-Pompiers et entre ensuite dans le détail des prescriptions qui auraient dû être observées pour assurer la sécurité du public.

L'orateur estime que la responsabilité des fonctionnaires doit être effective, et demande au préfet de police de dire ce que, dans le passé, il a fait à l'égard des scènes subventionnées et ce qu'il entend exiger d'elles pour l'avenir.

Il émet l'avis que la Commission des théâtres devrait avoir dans son sein des hommes de métier, tels que directeurs de théâtres et chefs machinistes, et, après avoir donné lecture de l'ordonnance de 1881 sur les théâtres, demande qu'il soit répondu catégoriquement si les prescriptions qu'elle renferme sont strictement appliquées.

L'orateur conclut en demandant formellement que, dans un délai de quelques mois, tous les directeurs de théâtres et de cafés-concerts soient en règle avec cette ordonnance, notamment en ce qui concerne l'éclairage des salles.

M. le colonel des Sapeurs-Pompiers décline toute responsabilité.

Ses rapports périodiques prouveront qu'il a rempli son devoir.

M. le préfet de police est tout disposé à donner des renseignements; mais il ajoute que, si le Conseil voulait rechercher les responsabilités personnelles, ce serait entrer dans une voie dangereuse. D'ailleurs, une enquête judiciaire se poursuit.

M. le préfet de police déclare que sur les prescriptions imposées et qui sont nombreuses il en reste encore onze à douze à exécuter pour 1887; il les énumère et conclut en faisant l'éloge de son personnel qui s'est conduit avec le plus grand courage.

Tel est le compte rendu de cette *mémorable séance* du Conseil municipal que tous *les pompiers de France devraient longuement méditer*.

Il a été convenu, après l'épouvantable incendie de l'Opéra-Comique, que de grandes précautions seraient prises.

Eh bien, si à l'Opéra ou Grand-Opéra le feu prenait, la moitié des personnes qui se trouveraient aux fauteuils d'orchestre seraient inévitablement la proie des flammes. Le corps des Sapeurs-Pompiers ne *cesse de réclamer* des améliorations à ce sujet : on répond invariablement qu'il n'y a pas de crédits suffisants. *C'est raide, mais c'est comme ça !*

Un tout petit théâtre ne pourrait pas, même avec les plus grandes protections, ouvrir ses portes à l'heure actuelle si ses décors n'étaient pas ignifuges, c'est-à-dire rendus ininflammables.

Eh bien, à l'Opéra, *il n'y a pas de décors ignifuges !*

C'est déplorable. Les Sapeurs-Pompiers ne cessent de protester, mais on fait la sourde oreille. Espérons qu'une catastrophe nouvelle ne viendra pas encore une fois forcer la main aux pouvoirs publics si négligents.

V

LES SAPEURS-POMPIERS DANS LES DÉPARTEMENTS

Le *service des Sapeurs-Pompiers dans les départements* a été réorganisé par décret en date du 9 janvier 1879.

Dans toutes les préfectures, sous-préfectures, cantons, même dans les simples communes de quelque importance, il existe une compagnie de Sapeurs-Pompiers.

Il est évident que le chiffre des officiers et des hommes est proportionné à l'importance de la population et à la richesse du budget.

En effet, c'est à la commune que revient la charge de tous les frais de matériel, d'habillement et d'équipement.

Ce décret autorise aussi les départements à organiser, aux frais du Conseil général, une inspection des Sapeurs-Pompiers.

Plusieurs départements sont autorisés à se concerter pour entretenir à frais communs un inspecteur chargé, non seulement de l'organisation, mais encore de la surveillance du personnel et du matériel des pompiers composant les compagnies et les subdivisions de la région, comprise dans les dits départements.

TROISIÈME PARTIE

I

LES SAPEURS-POMPIERS ET LES MOYENS DE COMBATTRE LES INCENDIES A L'ÉTRANGER

Les *Sapeurs-Pompiers de Paris*, par leur organisation admirable, par la simplification et l'ordre du service, par la discipline marquée au cachet militaire, *peuvent servir vraiment de type à tous les autres, non seulement de France, mais encore de l'étranger*.

Il nous paraît précisément intéressant de donner ici quelques aperçus sur les Sapeurs-Pompiers et les services contre l'incendie dans quelques pays étrangers.

A LONDRES

A Londres, le service des incendies est assuré par le *Metropolitan Fire-brigade*, qui compte près de six cents hommes, onze pompes à vapeur et plus de cent pompes à bras.

C'est le capitaine Shaw qui a le plus fait pour améliorer le service des pompiers de Londres contre les incendies.

Les Anglais, qui sont très pratiques, ont admis à Londres toute une série de précautions ingénieuses prises dans les maisons particulières et dans les hôtels, sous l'énergique impulsion de l'ancien commandant des pompiers, le capitaine Shaw, aujourd'hui retraité.

Un grand nombre de pompes à vapeur, des bouches d'eau, des tuyaux roulés dans les coins (1), prêts à être amarrés, tout cela annonce de grandes précautions.

Londres, qui semble, d'après les on-dit, si admirablement organisée pour le service des incendies, pèche par beaucoup d'endroits. C'est ainsi que le service d'eau est intermittent à certains jours et dans certains quartiers, et les Anglais s'en plaignent avec juste raison.

Les Anglais se plaignent aussi de ce que leur corps de pompiers n'est pas organisé aussi militairement que chez nous, et tout dernièrement, une commission venue de Londres, après avoir successivement étudié les systèmes européens, *a donné la palme au système parisien* (2).

A SAINT-PÉTERSBOURG

Une autre ville où l'organisation du corps des Sapeurs-Pompiers fonctionne également avec une grande précision, c'est Saint-Pétersbourg.

La capitale de toutes les Russies est aussi fière que New-York de son système de sauvetage, et l'on se souvient que

(1) En visitant les musées de Londres, j'ai été frappé de l'ingéniosité avec laquelle on s'est appliqué à mettre en œuvre des moyens préservatifs contre l'incendie. Le premier visiteur venu peut, en cas d'alerte, faire manœuvrer une œuvre toute prête.

(2) Au mois de novembre 1873, (dit M. Maxime Du Camp), lorsque l'Opéra brûla comme un tas de vieilles boiseries et de vieux papiers peints qu'il était, les journaux anglais ne manquèrent pas de nous faire la leçon, et de nous dire qu'un pareil accident eût été promptement conjuré par des pompiers de Londres.

Peu de temps après, l'incendie complet du *Pantechnicon* prouva qu'il était plus facile de blâmer nos Sapeurs-Pompiers que de les surpasser..... Le *Blue-Boock* de 1867, contient les rapports d'une enquête parlementaire faite sur « le service de protection contre les incendies. » Voici ce que l'on y peut lire : « Lord Richard Grosvenor : Etes-vous d'avis que le système de Paris soit supérieur au nôtre ? — Le capitaine Shaw : *Je crois que l'organisation de Paris est supérieure à la nôtre.....*

les pompiers de cette ville ont défilé solennellement devant les navires de l'escadre française l'an dernier. Le spectacle était d'ailleurs fort beau, car il est difficile de trouver de plus beaux attelages et des hommes plus sveltes et dispos que ce corps d'élite de pompiers à Saint-Pétersbourg.

Le chef du corps des Sapeurs-Pompiers de Saint-Pétersbourg appartient seul à l'armée; il a le grade de colonel. Le restant du personnel est *civil*. Il comprend vingt sous-chefs et mille trente sapeurs, répartis en quatorze compagnies. Il y a dix-huit postes.

Ce corps peut toujours mettre en mouvement instantanément, puis en ligne pour un grand incendie : neuf pompes à vapeur, vingt-huit pompes à bras desservies par quatre-vingt-quatre tonneaux et quatorze échelles de sauvetage.

Ajoutons que pour les incendies sur l'eau, il y a trois *bateaux à vapeur* spécialement affectés à ce service.

Le nombre de bouches d'eau (1) utilisables pour un incendie à Saint-Pétersbourg, est très grand. Ce qui est surtout important à constater dans le service de cette ville contre l'incendie, c'est l'existence de bouches particulières imposées par les Commissions dans toutes les constructions neuves, usines, grands magasins, maisons bourgeoises même. Cela multiplie les prises d'eau pour les Sapeurs-Pompiers, et simplifie nécessairement leur tâche pour attaquer rapidement le feu. C'est une *véritable supériorité* sur les autres villes, même sur Paris.

Il faut aussi louer la multiplicité de *plaques indicatrices* placées aux angles des rues et indiquant au public où se trouvent les avertisseurs, les postes de secours, etc.

Il faut aussi citer le *respect des décisions*. C'est ainsi qu'au commencement de chaque année, pour les théâtres, une commission composée du colonel, de l'architecte de la ville, de l'architecte de quartier, du commissaire et de l'officier de police de chaque quartier, visite chaque théâtre. Et, *fait important à noter*, la réouverture des théâtres n'est

(1) Saint-Pétersbourg possède aussi trois bateaux-pompes.

jamais autorisée sans l'exécution préalable des prescriptions de la commission.

A Saint-Pétersbourg, tous les bâtiments dans lesquels sont installés les Sapeurs-Pompiers, ont été construits exprès, de manière que l'on possède les meilleures conditions pour la bonne exécution du service d'incendie.

A MOSCOU

Le service d'incendie à Moscou est organisé à peu près identiquement à celui de Saint-Pétersbourg; malheureusement, l'absence d'eau et le manque d'avertisseurs placent Moscou dans un état d'infériorité.

Le personnel est installé, ainsi que le matériel, dans des locaux spécialement créés pour les Sapeurs-Pompiers.

Il faut louer ici surtout la multiplicité des indications qui permettent au public de lire facilement dans les rues l'adresse des postes de pompiers, dans lesquels on peut réclamer des secours contre les incendies.

A BERLIN

Le corps des Sapeurs-Pompiers ou la *Feuerwehr* de Berlin est placé dans les attributions du préfet de police. Son personnel se compose de quatorze officiers et de sept cent cinquante six hommes répartis en compagnies.

Le personnel est civil, il se recrute parmi les anciens militaires.

Les sous-officiers, caporaux et sapeurs ne sont pas casernés; ils se logent en ville à leurs frais et se nourrissent aussi à leurs frais.

Il y a douze grands postes répartis sur la surface de la ville. Les officiers y sont logés.

L'armement de chaque poste comprend :

Une voiture pour un personnel assez nombreux (1), une

(1) Elle peut contenir de 14 à 18 hommes.

voiture portant une grande pompe à bras avec son armement de tuyaux; une voiture supportant un tonneau renfermant mille neuf cents litres d'eau, c'est-à-dire une provision suffisante pour combattre immédiatement le feu.

Quatre de ces postes possèdent, en outre, une pompe à

SERGENT (tenue de ville 1874.)

vapeur, un tender avec tuyau et une voiture d'accessoires.

Ce qu'il faut surtout louer à Berlin, c'est la multiplicité d'indications qui guident efficacement le public en cas de besoin de secours.

Ces indications abrègent considérablement le temps de l'arrivée des Sapeurs-Pompiers.

Il y a quatre-vingt-cinq avertisseurs de rue. Il faut dire que ces appareils sont *respectés* à Berlin à l'égal des boîtes aux lettres, et qu'il est extrêmement rare qu'on en fasse un mauvais usage. Sur cet appareil est écrit :

« Est autorisée à faire usage de l'appareil toute personne qui peut donner le nom et le numéro de la rue où un incendie a éclaté. »

Presque toujours ce sont les passants ou les voisins du sinistre qui font usage de l'appareil.

Et comme si cela n'était pas suffisant, on a placé des indications portées sur fond rouge aux angles des rues, sur les fontaines, de distance en distance sur les maisons; ces indications font connaître au public le numéro du poste de Sapeurs-Pompiers, du poste de police les plus voisins de l'avertisseur de rue le plus rapproché.

Berlin ne possède malheureusement qu'une seule échelle mécanique de sauvetage.

A VIENNE (Autriche.)

A Vienne, les officiers des Sapeurs-Pompiers sont nommés par le Conseil municipal.

La *Feuerwehr* se compose de trois cent soixante-cinq hommes et de sept officiers.

Le corps est logé dans une caserne unique au centre de la ville. Il détache le nombre d'hommes nécessaires pour occuper les douze postes permanents qui se partagent, avec la caserne, la protection entière de la ville.

Les hommes restent quinze jours dans les douze postes (1).

Les postes sont très *rapprochés* les uns des autres et de plus les avertissements d'incendie, assez nombreux, sont très perfectionnés. ils peuvent annoncer le feu de quatre façons différentes : selon que c'est un feu de chambre, de comble, de cave ou de cheminée.

(1) Il y a 219 hommes à la caserne et 146 dans les douze postes.

Le matériel disposé à la caserne centrale comprend :

1° Deux grands trains se composant chacun de : une voiture de personnel avec un officier et neuf hommes, une pompe attelée avec six hommes, trois tonneaux attelés avec neuf hommes, une voiture d'accessoires, une voiture-échelle, une pompe à vapeur, en tout trente-huit hommes dont sept sous-officiers.

2° Un petit train composé de : une voiture de personnel avec une pompe, et un, deux ou trois tonneaux.

Le train de chaque poste comprend une pompe attelée avec six hommes et un tonneau avec trois hommes.

Trois postes ont une pompe à vapeur qui sert lorsqu'il y a un feu sérieux.

Ainsi que cela a lieu à Londres, le corps des Sapeurs-Pompiers de Vienne ne défend véritablement que la vieille ville.

Les trente-cinq faubourgs de la vieille ville sont défendus par des compagnies locales de Sapeurs-Pompiers. Ces volontaires, au nombre de mille sept cents, doivent porter aide et assistance en cas de grand feu dans la ville et réciproquement les pompiers de la *Feuerwehr* doivent se porter à leur secours dans le cas de feu sérieux dans les faubourgs.

Le matériel comprend des tonneaux de secours contenant sept cents à mille litres; cela est forcé, vu la pénurie relative des bouches d'eau.

Comme curiosité, signalons le *guetteur* qui est en permanence sur la tour de la cathédrale de Sainte-Stéphane.

II

LES POMPIERS ET LES SECOURS CONTRE L'INCENDIE AU CANADA

Rien d'intéressant et de curieux aussi comme la manière dont sont organisés, dans une partie de l'Amérique, à *Montréal*, au Canada, les corps de pompiers et les secours contre l'incendie.

Un de nos confrères, M. Gaston Wiallard qui a voyagé et vécu longtemps dans ce pays, nous décrit ces organisations dans un récit fort curieux :

« Sur les bords du Saint-Laurent, ce fleuve magnifique qui roule majestueux et fier entre des rives séduisantes, dit-il(1), s'élève une ville qui a pris, depuis quelque temps, une très grande importance.

» Montréal, en effet, avec ses trois cent mille habitants, ses monuments grandioses, ses rues bordées d'édifices spacieux, ses banques, ses hôtels, sa poste, est devenue le centre par excellence du commerce canadien avec toutes les parties du monde.

» Bâtie sur un fleuve qui permet aux navires du plus fort tonnage d'accoster ses quais, à proximité des États-Unis auxquels elle est reliée par un chemin de fer qui porte en une heure les productions remarquables du Canada, dans le Vermont central, cette ville est devenue par son com-

(1) *France Illustrée.*

merce, son industrie, sa vie animée et intellectuelle, la capitale effective de la province de Bas-Canada, dont Québec est la capitale officielle.

» A côté des monuments splendides construits dans ces derniers temps, tels que la poste, les banques, la Maison de ville et les hôtels Windsor et Saint-Laurent, la plupart des maisons et des édifices publics furent d'abord construits en bois qui est, comme on le sait, une des principales productions du Canada, et sa première ressource. Les maisons particulières surtout, faites pour une population besogneuse, construites avec rapidité et à peu de frais, s'élevèrent de toutes parts et présentèrent l'aspect séduisant des chalets suisses.

» Une cité en bois, ayant ses trottoirs en bois, ses maisons en bois, ses monuments en bois, grandit rapidement jusqu'au jour où la facilité des communications par les chemins de fer de colonisation amena à Montréal les pierres de construction du township de Chicoutimi.

» On doit bien se douter que dans une ville formée d'une réunion considérable de maisons, aussi inflammables, le feu dut faire de terribles ravages; et en effet, les incendies qui, à plusieurs reprises, désolèrent Montréal, causèrent d'immenses désastres et coûtèrent à la cité nombre d'édifices et de citoyens. Ce fut surtout lors du soulèvement des Canadiens contre les Anglais, en 1837, que les conflagrations allumées par la main des insurgés ensevelirent tout un quartier sous les ruines fumantes des maisons de commerce.

» Il était tout naturel que la population toujours menacée par un fléau facilement alimenté, cherchât à s'y soustraire ou du moins s'ingéniât à trouver les moyens de le combattre le plus efficacement possible.

» A l'époque où l'on ne possédait pas encore les machines puissantes dont on dispose maintenant, l'organisation des secours contre l'incendie fut difficile à mettre sur un pied en rapport avec l'élément destructeur. Les anciens habitants se rappellent encore avoir vu passer ces pompes primitives, traînées par de longues files d'hommes, attelés à une corde, pompes dont le fonctionnement était aussi difficile que leur mise en train était longue.

» Quand le tocsin de la cathédrale annonçait l'irruption du feu dans un quartier de la ville que le nombre des tintements désignait, les pompiers, tous jeunes gens volontaires, couraient en hâte vers la remise où l'on gardait la pompe, s'attelaient au véhicule, et partaient en courant.

» Comme la pompe était lourde, ils requéraient en chemin l'aide des passants qui leur donnaient un coup de main, et l'engin destiné à combattre le feu arrivait cahin-caha, sur le théâtre de l'incendie, quelquefois longtemps après que celui-ci avait commencé.

» Il fallait alors s'assurer que les bornes-fontaines, disposées en général au coin des rues, contenaient de l'eau en pression suffisante ou qu'elles n'étaient pas gelées si l'on était en hiver. Ainsi fort souvent, les secours ne commençaient qu'après avoir laissé consommer de grands ravages.

» A plus forte raison, le désastre était-il complet quand l'incendie éclatait la nuit et que le retard avait été plus grand, les pompiers ayant eu à se lever et à s'habiller.

» Que de maisons furent ainsi réduites en cendres, avant même que les secours fussent organisés; que de malheurs n'ont pu être évités, que d'existences humaines ont pris fin au milieu des bois enflammés et des décombres.

» Cet état de choses ne pouvait durer longtemps et l'édilité montréalaise fit faire, une des premières, les essais d'une foule d'appareils que l'esprit chercheur des Américains inventait chaque jour. Les expériences furent concluantes, et après bien des hésitations, des tâtonnements, des réglementations diverses, on finit par adopter l'ensemble des appareils et moyens que nous allons décrire. La télégraphie, cette merveilleuse application de l'électricité, qui a pris, dans le nouveau continent, une extension dont on n'a pas idée en Europe, fut la cheville ouvrière de cette organisation.

La ville de Montréal a été divisée en plusieurs districts,

par rapport à l'organisation des secours contre l'incendie : l'église Notre-Dame qui en occupe le centre a été, de son côté, désignée comme le point de réunion des fils télégraphiques et dans sa tour a été placé le service central des pompiers.

A tous les coins de rue se trouve un poteau supportant des fils télégraphiques qui aboutissent à la cathédrale, pour y porter les appels du quartier. A ces poteaux sont appendues des boîtes en fonte fermant à clef et contenant un appareil de transmission au-dessus duquel est écrit en anglais et en français la manière de donner le signal et d'indiquer le numéro de la boîte.

TENUE DE GARDE
A L'ÉTAT-MAJOR

Ce signal arrive en quelques secondes dans la tour de l'église où un gardien veille sans cesse, prêt à répéter le numéro qui lui est transmis sur une des grosses cloches.

Il s'écoule à peine une minute entre le moment où l'incendie est signalé dans la boîte de quartier et le teintement cadencé de la cloche qui l'annonce à la population.

En même temps que la cloche fait résonner le nombre de tintements convenus pour tel ou tel quartier, un fil télégraphique qui relie la chambre du veilleur aux stations des pompes de la ville, y donne le même signal et les pompiers se mettent immédiatement en mesure de partir pour le théâtre de l'incendie.

Mais avant de dire comment se font les préparatifs, donnons une courte description d'une station quelconque de pompiers, description qui les comprendra toutes; car toutes sont construites sur le même modèle.

La station proprement dite est une vaste salle occupant tout le rez-de-chaussée d'une maison à un étage, solidement construite en pierres et située le plus généralement dans une rue passagère dont les abords sont assez larges pour permettre la manœuvre facile des appareils.

Dans cette salle sont *toujours prêts à partir et à fonctionner* : une pompe à vapeur dont le foyer, rempli de matières résineuses et facilement inflammables, est construit d'après un système qui permet d'avoir la pression de vapeur nécessaire en quelques instants; une échelle à développement, composée de trois parties qui glissent aisément l'une sur l'autre et, s'ajoutant, s'élèvent à la hauteur d'un cinquième étage en moins de temps qu'il n'en faut pour écrire sa description; un fourgon, dit wagon de sauvetage, contenant les pelles, pioches, haches et tout le matériel nécessaire aux pompiers, y compris ces petits extincteurs à gaz carbonique, facilement portatifs et qui, bien souvent, suffisent à éteindre un commencement d'incendie; un chariot à deux roues, chargé d'un treuil sur lequel est enroulé un long tuyau de cuir qui permet d'aller chercher l'eau à de grandes distances.

A droite, en entrant, se trouve un timbre qui résonne en même temps que la cloche de Notre-Dame, et indique le quartier où se trouve le feu; au-dessous est un tableau noir où le chef de station marquera l'heure du départ des appareils et l'heure de la rentrée.

Au fond est l'écurie où se trouvent quatorze chevaux, c'est-à-dire le double de ceux requis pour le service. La moitié, soit sept, sont toujours harnachés et prêts à partir.

Inutile de dire que ces chevaux sont des bêtes vigoureuses, au sang vif, admirablement dressées.

Le premier étage du bâtiment est occupé par le logement du chef de station et la salle où se réunissent les pompiers de service, salle qui ressemble de tous points à celle de nos postes de police.... Là couchent les hommes désignés pour le service; car, en général, les pompiers sont mariés, logent en ville avec leur famille, et ne viennent à la station que tous les deux jours, à moins d'événement grave qui requière tout le personnel.

Au premier coup frappé sur le timbre d'alarme, un fil électrique qui communique dans toutes les parties de la station, fait mouvoir un ressort : la porte d'entrée s'ouvre toute grande, le gaz s'allume si c'est le soir, les chaînes qui tenaient les chevaux attachés dans l'écurie, tombent, le ressort qui les retenait, étant pressé par l'électricité, et les animaux, dressés à ce manège, viennent se placer d'eux-mêmes devant les voitures à la place qu'ils doivent occuper.

Les hommes ont coiffé leurs larges casques de cuir bouilli, le cocher de chaque voiture a vivement fixé les trois crochets qui constituent tout le système d'attelage de chaque cheval, les hommes ont pris leur place sur les fourgons, le chauffeur de la pompe à vapeur se tient sur le marchepied de derrière, prêt à mettre le feu dans le foyer et le chef de station, debout devant le timbre et la craie à la main, attend que le dernier coup ait résonné pour marquer l'heure du départ de sa brigade si on l'appelle, et sauter vivement sur le fourgon de sauvetage dont il prend les rênes. Toute la brigade sort alors. les chevaux sont lancés à bride abattue et les attelages parcourent les rues de Montréal avec une vitesse vertigineuse, tandis que l'un des pompiers fait retentir à toute volée une lourde cloche dont le son bien connu fait ranger toutes les voitures qui pourraient gêner le passage de la *Fire-brigade* (brigade de feu).

Tous ces préparatifs, nous le répétons, ont été faits en moins de temps qu'il n'en faut pour l'écrire, tout est arrangé avec tant d'ordre, chaque homme, chaque cheval sait si bien son rôle qu'il n'y a pas de confusion possible, et souvent les coups n'ont pas fini de résonner, et l'on ne sait pas encore si on devra sortir, que tout le monde est prêt.

J'ai dit que les pompiers ne savent pas s'ils doivent sortir. En effet, d'après les conventions, quand la cloche ne sonne qu'une fois, c'est que le feu n'est pas d'une grande importance et que la présence d'une brigade est seule jugée nécessaire : la station le plus près de la boîte qui réclame secours, sort seule, alors. Quand deux brigades sont requises, on sonne deux fois, et une deuxième équipe, dans un ordre fixé d'avance, va au secours de la première; et ainsi de suite.

SERGENT-MAJOR
(grande tenue de service.)

Il s'écoule généralement peu de temps entre le moment où l'on a transmis un signal dans une boîte et celui où les pompiers arrivent au coin de la rue. Ils s'informent auprès de la personne, qui, selon les instructions écrites, doit attendre, de la place exacte de l'incendie et ils y courent.

Ni le froid, ni la glace, ni la neige — qui pendant six mois couvre la terre dans le Canada — n'ont le pouvoir de les arrêter, car en hiver les appareils sont montés sur patins et acquièrent peut-être encore plus de vitesse.

Qu'on nous permette maintenant de citer un exemple de *la rapidité* avec laquelle les secours peuvent arriver :

Lorsque le prince Arthur d'Angleterre vint visiter le Canada, il s'arrêta à Montréal et descendit au *Saint-Laurence-Hôtel*, qui est le plus luxueux de la ville.

Un jour qu'il recevait le maire de la cité montréalaise, celui-ci voulant lui donner une idée de l'organisation des secours contre l'incendie, fit sonner l'alarme pour les neuf brigades; et en sept minutes, montre en main, les neuf pompes à vapeur étaient sous pression, prêtes à fonctionner, les échelles dressées devant la façade de l'hôtel, les tuyaux abouchés aux prises d'eau et aux machines, et les neuf chefs de station, ayant à leur tête le commandant des Pompiers, entraient dans le vestibule pour demander où était le feu.

On voit par cette courte anecdote, avec quelle vitesse les secours sont apportés, et l'on conçoit que bien rarement des incendies considérables puissent ravager à présent la ville de Montréal.

Ce service du feu est, du reste, admirablement complété par les prises d'eau qui sont en nombre considérable par toute la ville. Dans chaque rue à peu près, et tous les cinquante pas, on rencontre une colonnette en fonte où se vissent les tuyaux apportés par les fourgons, et dans ces colonnettes, l'eau se trouve toujours en quantité suffisante pour les besoins pressants. Cette eau a une pression très forte; car elle vient des réservoirs immenses construits au sommet de la montagne. et qui sont une curiosité.

De ces réservoirs, du reste, on aperçoit toutes les montagnes du Vermont, on voit le cours majestueux du Saint-Laurent depuis les *rapides* des Cèdres jusqu'à Sorel, et l'on découvre le splendide pont Victoria qui traverse le fleuve sur un point où il n'a pas moins de trois kilomètres de large.

Combien il y a loin de cette *puissante organisation admirablement* servie par l'électricité qui communique si vivement les appels, et par des chevaux qui conduisent rapidement les pompes, à l'organisation de nos pompiers de Paris? Loin de nous la pensée de critiquer ce corps d'élite, dont le dévouement est si grand; mais quel avantage n'ont pas sur eux les pompiers de l'Amérique qui, eux, n'arrivent pas sur le lieu du sinistre fatigués par une longue course et trouvent de suite l'eau nécessaire sans avoir recours à la chaîne que le public ne fait pas toujours avec plaisir, et qui, dans tous les cas, est longue à organiser (1).

Du reste, dans toutes les villes des États-Unis, celles du

(1) Ceci était écrit avant l'organisation actuelle du service à Paris et ces critiques n'ont plus de raison d'être.

moins d'une certaine importance, il existe une organisation semblable et chaque jour apporte des améliorations à ce service qui nous semble si complet, que nous envierions, et que les Américains ne trouvent pas encore assez expéditif et assez efficace.

III

LES POMPIERS ET LES MOYENS DE COMBATTRE LES INCENDIES AUX ÉTATS-UNIS D'AMÉRIQUE

A NEW-YORK

Ce sont trois administrateurs nommés par le maire et agréés par le Conseil municipal qui dirigent à New-York le département des services contre l'incendie.

Ils sont élus pour six années et ne peuvent être révoqués que s'il y a plainte déposée contre eux.

Le corps des pompiers est formé de *volontaires* qui peuvent quitter le service en prévenant seulement six jours d'avance.

Le *matériel est fort bien composé.*

Le colonel Paris a rédigé, d'après un des commandants français des pompiers de New-York, les notes suivantes concernant le service des incendies à New-York :

Attelages.

Les pompes à vapeur, les extincteurs du grand modèle et les échelles sont amenés sur le lieu du sinistre par des chevaux, dont le département possède 221, d'un prix moyen de 1.500 francs pièce, soit 331,500 francs.

Les stalles des chevaux sont placées au bout de la remise des voitures, qui y sont disposées sur une plaque tournante.

Les chevaux sont dressés à venir se placer eux-mêmes

devant la voiture au signal du feu. Le licol auquel ils sont attachés dans leur stalle est fixé à cette dernière par un ressort qui communique, au moyen de tringles articulées et d'un échappement à contrepoids, avec le marteau du timbre télégraphique. Lorsque le marteau exécute la sonnerie d'alarme, le contrepoids tombe, le ressort s'ouvre, et le cheval vient immédiatement se placer. Un ingénieux système, dû à M. Sullivant, de San-Francisco, permet de tenir, au moyen des contrepoids, les harnais suspendus au-dessus des deux côtés de la flèche ou du brancard. L'attelage se fait en laissant tomber le harnais, bouclant la sous-ventrière, fermant le collier et attachant à la boucle du mors les rênes, déjà fixées au siège de la voiture. Pendant que l'attelage se fait, le cocher monte sur son siège, la porte est ouverte, et la pompe prête à partir quelques secondes après le signal.

Les chevaux sont promenés au pas une heure par jour (et remplacés bien entendu pendant cette promenade par des attelages de rechange). On conçoit très bien qu'une fois dressés ces intelligents animaux, entretenus dans un grand état de vigueur et de santé, reconnaissent et accueillent avec joie le signal qui leur promet une course à fond de train, et viennent se placer d'un bond à leur poste dès que ce signal retentit.

Bateau à vapeur.

Ce bateau renferme deux cabines, l'une pour les hommes, l'autre pour les officiers. Il est relié avec les fils électriques par un câble qui se détache automatiquement, lorsque le bateau répond à un appel. Les stations sur les bords de la rivière de l'Est et de celle du Nord lui sont assignées. Voici ses dimensions :

Longueur totale	32	mètres	
— de quille	30	»	
Largeur de pont	6	»	70
Profondeur de cale	2	»	90

Puissance de la machine . . .	40 chevaux.
Nombre de cylindres à vapeur .	4
Diamètre des pompes	0,125
Nombre de jets	8

Avec un orifice de 0 m. 05 de diamètre, le jet porte à 85 m. 50.

Télégraphe.

Le *réseau télégraphique* du département a 700 milles (1126 kil.) Le nombre des fils qui aboutissent au quartier général est de 60, reliant le cabinet du chef de département non seulement avec toutes les équipes de pompes, d'échelles et le bateau à vapeur, mais encore avec toutes les boîtes d'alarme.

Ces boîtes, au nombre de 925, sont en fer et à double porte ; elles ont 0,45 de hauteur, 0,25 de largeur et 0,15 de profondeur. La porte extérieure donne accès au crochet qu'il faut tirer pour envoyer l'alarme. En tirant ce crochet, on remonte le ressort intérieur ; lorsqu'on l'abandonne, le mécanisme se met en marche et transmet le numéro de la station au quartier général. La seconde porte fait communiquer avec un compartiment renfermant une clef de Morse dont les officiers du département seuls se servent pour demander soit du renfort, soit une ambulance. Ils sont donc seuls possesseurs d'une clef ouvrant ce compartiment, et c'est uniquement de la première porte que des clefs sont distribuées dans les magasins, pharmacies, restaurants ou toute autre maison importante recommandée par le capitaine de la compagnie dans le périmètre duquel la boîte est placée. Pour éviter, autant que possible, les fausses alarmes et les mauvaises plaisanteries dont les débuts de ce service ont été accompagnés, la serrure de la porte extérieure est construite de telle façon qu'il est impossible de retirer la clef, après ouverture, sans en ouvrir une seconde intérieure, dont les employés du département ont seuls la clef. Toutes les clefs extérieures étant numérotées, on peut donc toujours savoir dans quelle maison a été prise celle qui a permis de faire fonctionner l'appareil; et, en cas de fausse alarme, on a un point de départ pour les recherches.

Les boites sont peintes en rouge, afin d'être vues de loin; elles sont placées sur des perches, de quinze à seize mètres de hauteur, également peintes, pour être distinguées de celles qui servent aux compagnies privées télégraphiques (1) et sur lesquelles passent les fils. « Ce système est assurément peu recommandable; les fils sont en hiver chargés de glace, en tout temps de chiffons ou autres objets; et les perches plantées le long des trottoirs gênent la circulation. »

Sur chaque boite se trouve placée une consigne ou avis pour son usage, et l'indication du dépôt le plus proche d'une clef. Ces clefs doivent elles-mêmes être en évidence dans la maison où elles sont déposées, et ajustées sur un carton qui reproduit la même consigne. La personne qui a donné l'alarme doit rester près de la boite pour entendre le timbre qui indique que le signal est arrivé et que des secours vont partir : si ce timbre ne résonnait pas deux ou trois secondes après que le crochet a été tiré, elle devrait courir à la boite la plus voisine et recommencer.

Le bureau télégraphique du quartier général, où convergent les fils de tout le département, a dû être et est installé de façon à satisfaire aux exigences de ce service. Il est monumental, et son établissement a coûté 55,000 francs. La galerie est montée sur une plate-forme de 1 mètre 10 de hauteur, de manière à pouvoir manœuvrer commodément. A l'est de cette plate-forme sont placés les fils, la sonnerie, l'électromètre et les imprimeurs de rechange; au sud, le tableau des aiguilles, un galvanomètre et le rhéostat; au nord les imprimeurs, les sonneries, les clefs et leviers.

(1) On sait qu'en Amérique le télégraphe n'est point, comme en France, un service d'État, mais est exploité par des compagnies particulières. On voit aussi comment, de l'aveu des Américains eux-mêmes, leur système de fils aériens est inférieur au système de fils souterrains de Paris.

Télégraphie auxiliaire.

Indépendamment du télégraphe spécial au département des secours contre l'incendie, il existe un réseau particulier appartenant à une société dite « *Automatic signal Telegraph* » et qui a pour but de signaler à des bureaux spéciaux, où se tiennent en permanence des hommes appartenant à l'une des compagnies soldées par cette société, toute tentative de vol ou commencement d'incendie chez ses abonnés. Ce signal automatique est donné par un contact qui détermine, en cas d'effraction, toute tentative sur les portes ou volets, et en cas d'incendie, un thermostat placé dans le circuit et donnant l'indication précise de l'étage et de la chambre dans laquelle le feu s'est déclaré. Les administrateurs du département des secours contre l'incendie ont autorisé cette société à mettre leurs fils en communication directe avec le quartier général...

Un tableau des stations est fourni à chaque compagnie du département ; il donne le numéro et la rue, l'étage, etc., ainsi que le numéro des compagnies désignées pour répondre à ces signaux.

Eaux.

Le débit journalier moyen de la rivière Croton, qui fournit l'eau de la canalisation de New-York, est, d'après quatorze années consécutives d'observations, de 1,481,203 mètres cubes, la plus haute moyenne annuelle a été de 2,255,639 mètres cubes par jour, la plus basse de 1,154,135. La combinaison des eaux du Croton et des réservoirs assure à la ville un approvisionnement quotidien de 939,097 mètres cubes.

Quelque considérable que puisse paraître cet approvisionnement qui, eu égard à la population, est quintuple de celui de Paris, il n'est pas jugé suffisant pour fournir aux besoins toujours croissants de New-York, et les commissaires des travaux publics ont soumis au maire, le

14 août 1879, un projet de dérivation des rivières Byram et Bronse. Ces rivières rempliraient de nouveaux réservoirs d'une capacité de 13,157,894 mètres cubes, et les travaux sont estimés à la somme de 160 millions de francs, que l'on a lieu de croire très insuffisante. Aussi a-t-on présenté un contre-projet tendant à réserver l'eau du Croton exclusivement pour les usages domestiques et à utiliser l'eau salée qui baigne la ville pour les incendies, le lavage des rues, etc. Une compagnie a déjà fait à la ville des propositions dans ce sens, et s'engage à lui fournir de l'eau en quantité illimitée et avec une pression telle que l'on obtiendrait quatre à cinq jets puissants à chaque bouche d'eau.

Ces dernières sont placées au coin des rues et devant le centre des faces de chaque ilot de maisons ; elles forment colonne sur le trottoir et ont une hauteur uniforme de 0,92. L'ancien diamètre, de 0,063, est successivement remplacé depuis les grands incendies qui ont démontré son insuffisance d'alimentation, par celui de 0,1265. Afin de parer à la gelée, en hiver, chaque mécanicien est muni d'une petite pompe aspirante et foulante en caoutchouc pour s'assurer qu'il ne reste plus d'eau dans le corps de la prise après que le robinet est fermé.

Réglementation municipale préventive.

Tout propriétaire d'une fabrique, d'un hôtel ou d'une maison occupée par un grand nombre de familles ou personnes, tels que pensionnat, magasin, entrepôt, théâtre, salle de concert, église, salle de réunion, etc., doit se mettre en mesure de transmettre un appel au département et prendre les mesures de première défense contre le feu prescrites par les administrateurs. Ces derniers sont tenus de fournir, dans toutes les salles d'amusement où se trouvent des machines ou décors, deux pompiers de service, qui doivent rester à leur poste jusqu'à l'extinction de toutes les lumières, et sont chargés de la manœuvre des appareils installés dans la salle, en exécution des prescriptions ci-dessus mentionnées. En cas d'incendie, ils ont sous leurs ordres, jusqu'à l'arrivée des secours, tout le personnel de l'établissement.

Toutes les lumières employées dans les théâtres, salles publiques, fabriques, écuries, etc., ainsi que dans les vitrines des magasins, doivent être protégées par un globe de verre, sous peine d'une amende de 50 francs.

CAPORAL (tenue de campagne.)

Il est expressément défendu de placer des chaises, tabourets ou autres sièges mobiles dans les passages des lieux de réunion ; les portes de ces lieux doivent s'ouvrir *extérieurement*, et les passages en être assez larges pour permettre une évacuation très rapide.

Dans toutes les écoles publiques, les maîtres sont tenus de dresser les élèves à se mettre en rangs à un certain signal et à descendre les escaliers rapidement et sans confusion. Cet exercice a lieu une fois par semaine, en changeant chaque fois l'heure et la direction de la sortie, suivant que le feu est supposé avoir éclaté dans telle ou telle partie du bâtiment.

Différents essais permettent de fixer un maximum de quatre minutes pour faire descendre dans la rue, sans accident ni confusion, 1.200 enfants, garçons ou filles, d'un bâtiment de quatre étages. La discipline et l'ordre qui résultent de ces exercices ont sauvé la vie à beaucoup d'enfants, qui autrefois, dans un moment de panique, devenaient impossibles à gouverner. (1)

Les bâtiments au-dessus de trois étages qui sont employés comme fabriques, contenant un certain nombre d'ouvriers et d'ouvrières, doivent avoir une échelle de sauvetage en fer, ajustée à tous les étages. Le toit doit être pourvu d'une porte avec large escalier d'accès, toujours absolument libre; elle se ferme à l'intérieur avec un simple verrou, afin de faciliter une fuite rapide par le toit du personnel, en cas d'incendie dans les étages inférieurs.

Surveillance.

Les capitaines doivent visiter aussi souvent qu'ils le jugent nécessaire toutes les maisons, magasins, fabriques, entrepôts, hôtels, théâtres, salles de concerts, et toutes autres places où des marchandises peuvent être déposées dans le rayon du quartier assigné à leur compagnie. Ils doivent se familiariser avec le genre de construction des maisons, ainsi qu'avec la nature des marchandises ou des matériaux qu'elles contiennent. Ils doivent s'assurer :

Que les voies d'entrée et de sortie ne sont pas encombrées;

Que l'emplacement des chaudières, calorifères et autres ustensiles de chauffage est suffisamment éloigné de toutes boiseries ou séparé d'elles par des matériaux incombustibles;

Que les becs de gaz ou toutes autres lumières des vitrines, théâtres, écuries, etc., sont protégées par un globe en verre;

(1) Aussitôt que nous avons eu connaissance de cette disposition, nous nous sommes empressé de la porter à celle de M. le Ministre de l'Instruction publique et de M. le Préfet de la Seine. Ce dernier nous a fait l'honneur de nous en remercier chaleureusement, et a prescrit son application immédiate dans les écoles du département.

Que les débitants de pétrole, benzine et autres huiles inflammables sont munis d'un permis de l'administration, et que les quantités qui existent dans leur magasin ne dépassent pas celles qui sont fixées par ledit permis;

Que les hôtels, salles de concerts, fabriques, écoles publiques, etc., sont munis de tout ce qui est nécessaire pour éteindre un commencement d'incendie;

Que les clefs distribuées aux négociants, hôteliers, etc., pour ouvrir les boîtes télégraphiques, sont placées en évidence et pendues au crochet ajusté sur le carton sur lequel est collée l'instruction relative à l'usage de la boîte.

Police.

Les pompes sont munies d'une cloche placée au-dessus du cylindre, les voitures d'échelles d'un timbre. Toutes les voitures, à la seule exception de la malle-poste, doivent, dès qu'elles entendent le son de cette cloche ou de ce timbre, se ranger et faire place aux pompiers, qui ne marchent jamais qu'au grand galop. Les officiers de police doivent, au même signal, se porter rapidement sur la voie publique et procéder à l'arrestation immédiate des cochers qui ne se rangeraient pas assez rapidement....

Rappelons, à propos de New-York, un dernier sinistre, cet effroyable incendie de l'Hôtel-Royal.

Voici les derniers détails racontés d'ailleurs par les journaux de la localité :

« Le mécanicien qui a découvert le feu dans l'ascenseur central a aussitôt donné l'alarme. Il était environ trois heures du matin ; mais les flammes se sont propagées avec une telle rapidité qu'il a été impossible de réveiller les voyageurs et les locataires.

» Malgré les efforts qui furent tentés pour donner l'alarme à ces derniers, ils ne furent réveillés que par le sifflet de la locomotive d'un train qui passait à côté de l'hôtel.

» Lorsque les pompiers arrivèrent, un quart d'heure après avoir été prévenus, les flammes avaient une telle intensité qu'ils ne purent songer qu'à opérer le sauvetage des locataires et renoncer à faire jouer les pompes.

» Tous ces malheureux, en chemise de nuit, s'entassaient aux fenêtres, prêts à sauter sur le pavé.

» Puis les flammes s'approchèrent avec rapidité, et l'on signale de nombreuses morts tragiques avant l'arrivée des pompiers.

» La scène la plus épouvantable de l'incendie a été l'effondrement subit de l'intérieur du bâtiment, qui a eu lieu au moment où tous les habitants de l'hôtel étaient entièrement réveillés et essayaient de se sauver. Un grand nombre d'entre eux sont tombés dans un tourbillon de flammes.

» Lors de l'effondrement, qui est attribué au caractère défectueux de la construction de l'édifice, un voyageur qui s'était déjà trouvé dans quatre incendies d'hôtel, a sauté par la fenêtre du second étage, avec un parapluie ouvert, et ne s'est presque pas fait de mal.

» Un autre s'apprêtait à tuer sa femme et à se brûler ensuite la cervelle, lorsqu'il découvrit dans sa chambre une corde au moyen de laquelle tous deux purent se sauver.

» La plupart des personnes qui se trouvaient dans l'hôtel ont perdu leurs effets et se sont enfuies dans les rues en costume de nuit. »

On le voit, l'intensité, la violence du sinistre ont été telles que les pompiers devaient nécessairement arriver trop tard. N'importe! pour une ville comme New-York, si fière de l'organisation de ses secours en cas d'incendie, cette journée sera pénible à l'amour-propre yankee.

New-York, en effet, pourtant, est une des premières villes du monde qui aient organisé le système de sauvetage pratique avec des postes multipliés dans tous les quartiers de la ville, les communications constantes établies avec le dehors, grâce à l'électricité, l'assistance énergique prêtée par sa police pour assurer la libre circulation des voitures à pompes dans les rues et, par-dessus tout, — le comble du pratique — l'installation dans presque toutes les maisons de sonnettes d'alarme correspondant avec tous les postes.

Sitôt le signal recueilli, en effet, la voiture, toute attelée, part comme une flèche, et si les pompiers n'arrivent pas toujours à temps pour sauver la maison d'où est parti l'avertissement, du moins ils peuvent faire la part du feu.

Mais voilà le grand écueil, c'est que là-bas le service n'est pas organisé militairement comme à Paris, et l'on peut redouter des négligences qui se sont d'ailleurs déjà produites.

SERGENT-MAJOR
(tenue de campagne.)

A SAN-FRANCISCO

Un acte du Sénat et de l'Assemblée de Californie, en date du 2 mars 1866, a organisé le département des services contre l'incendie et a confié la haute administration de ce corps à un comité composé de cinq membres et appelé *Comité des commissaires du feu.*

Le corps est commandé par un ingénieur en chef, un ingénieur sous-chef et quatre aides ingénieurs.

Le matériel est très bon, le système télégraphique fort bien organisé ; il y a un bateau à vapeur.

Le plus curieux à citer, c'est le système de casernement et les mesures préventives.

Casernement.

« La ville a fait construire sur des terrains qu'elle s'était réservés dans ce but tous les édifices occupés par le département du feu, savoir : un quartier général avec la tour de la sonnerie générale d'alarme, vingt-trois stations avec écuries pour les vingt-trois compagnies de pompes, de tuyaux et d'échelles, plus un vaste magasin de dépôt pour le matériel, avec ateliers de réparations et écurie pour les chevaux de rechange.

» Tout est disposé en vue de la plus grande célérité possible dans le départ de l'équipe et de son matériel. Ainsi les portes principales s'ouvrent en dehors ; elles ne sont fermées que par deux verrous commandés, ainsi que les arcs en fer qui poussent les portes, par deux pesants contrepoids reliés avec le timbre d'alarme et qui tombent aussitôt que ce dernier retentit ; les portes des chambres du personnel sont à coulisses et s'ouvrent d'elles-mêmes au moyen d'un mécanisme également relié avec le timbre d'alarme.... »

Réglementation municipale préventive à San-Francisco.

« Une seule mesure a été rendue obligatoire par arrêté de l'autorité locale, dit aussi le colonel Paris ; elle est relative au mode d'ouverture des églises, théâtres, salles de bals, de réunions, etc., qui doit toujours se faire *de dedans en dehors*.

» Mais, à côté de cette disposition réglementaire, un certain nombre de mesures préventives, quoique facultatives, ont reçu une application d'autant plus générale que les assureurs en tiennent grand compte pour la fixation des conditions de la police.

» Chaque théâtre, chaque grand établissement public ou industriel et un grand nombre de maisons particulières sont pourvus d'un ou de plusieurs réservoirs situés à la plus grande hauteur possible et alimentés par l'eau des conduites de rues. Sur les colonnes aboutissant aux réservoirs sont adaptés, à tous les étages et sur le toit, des robinets auxquels on visse des tuyaux de caoutchouc suffisamment longs pour atteindre toutes les parties de l'édifice ; ces tuyaux sont enroulés sur une selle enfermée dans une armoire placée très en vue dans les corridors ou galeries et portant cette inscription : « Tuyaux à incendie. »

» La pression de ces tuyaux est très forte, puisqu'ils sont en communication directe avec les réservoirs distributeurs de la ville. »

A ces renseignements, ajoutons que certains maîtres d'hôtels ont eu l'idée heureuse de placer des boites contenant des échelles de corde au-dessous des fenêtres situées à l'extrémité des corridors.

On comprend *l'avantage de ces précautions* : dans les cas désastreux où les escaliers et autres issues sont bloqués par le feu ou la fumée, l'échelle, très solidement attachée à la boite, est déroulée et offre ainsi un facile et utile moyen de sauvetage.

A PHILADELPHIE

« Le système est calqué sur celui de New-York, écrivait en 1881 le colonel Paris. La pression de l'eau dans les conduites est de cinq atmosphères ; la ville est d'ailleurs baignée par les rivières Delaware et Schuylkill. Le réseau télégraphique est complet ; mais les clefs des boites d'alarme sont exclusivement entre les mains des agents de police et de ceux du service d'incendie, qui parcourent la ville jour et nuit. — On a récemment introduit le téléphone.

» Tous les théâtres sont *astreints* à l'établissement, dans l'intérieur de l'édifice, d'une large conduite d'eau portant des tuyaux et des lances. Il n'existe aucune loi spéciale concernant les incendies dans les fabriques. Quelques propriétaires de grands établissements se sont pourvus d'appareils extincteurs ; mais ils n'ont donné que de très mauvais résultats au moment de s'en servir.... »

A CHICAGO

C'est le maire qui nomme le « *Fire-Merschall* » et le révoque. Ce chef propose lui-même le budget de son département au Conseil municipal; ce dernier détermine l'époque et la forme dans laquelle il doit rendre compte de sa gestion. Il choisit aussi lui-même son personnel.

Une trentaine de pompes composent le matériel. Le système des attelages est le même que celui de New-York.

Nous empruntons au colonel Paris les notes suivantes sur le télégraphe, le service des eaux et le casernement des pompiers à Chicago.

Télégraphe.

Le quartier général est relié avec tous les postes, un grand nombre de boîtes d'alarme, la police, et les compagnies de sauvetage pour la vie et les marchandises. La police et les hommes de ces compagnies sont, comme les pompiers, partagés par quartiers et se rendent en même temps qu'eux sur le lieu du sinistre. Lorsque l'incendie semble prendre les proportions d'un désastre, une alarme générale est donnée; en moins d'une minute, toutes les pompes de la ville, machines de sauvetage, police, etc., sont en route.

Service des eaux.

La ville de Chicago, en dehors des ressources que lui assure le lac Michigan, qui en baigne toute la partie orientale et les bassins de ses nombreux parcs, a des réservoirs placés à une grande altitude et fournissant à la canalisation une eau déjà soumise à une pression considérable. A chaque angle des « blocs » de maisons se trouve une bouche d'incendie pareille à celles de New-York, c'est-à-dire élevée de près de 1 mètre au-dessus du sol et disposée pour recevoir l'aspiral d'une pompe à vapeur.

Casernement.

Les postes de Chicago ressemblent à ceux de New-York, avec une modification très intelligente. Les hommes ont leurs bottes attachées à leurs pantalons et ces derniers attachés à leur vareuse, de sorte qu'ils peuvent en quelque sorte s'engouffrer instantanément dans leur vêtement en cas d'alerte de nuit. Leurs lits sont disposés en cercle autour d'un mât, lisse et ciré, dont le pied est fixé dans le sol de la remise située au-dessous de leur chambre, et un espace annulaire règne autour de lui dans le plancher de cette chambre, transformée en une sorte de hune. C'est par ce mât que les hommes se laissent glisser à côté de la pompe dès que retentit le timbre d'alarme.

A BOSTON

Jusqu'en 1872, Boston, comme beaucoup d'autres villes (1), a fait la sourde oreille aux demandes du département de secours contre le feu, et reculé devant les frais que nécessitait l'installation d'un système rationnel de défense. Mais, le 9 novembre 1881, un seul incendie dévora sept cent soixante-seize maisons, recouvrant une superficie de vingt-six hectares et représentant une valeur de trois cent soixante-quinze millions de francs. Et que l'on n'aille pas dire qu'il s'agissait de maisons américaines, c'est-à-dire en bois : le *Sixth annual Report of the Board of Fire Commissionners* décompose ces sept cent soixante-seize maisons en : sept cent neuf en briques et pierre, soixante-sept seulement en bois ! Ajoutons qu'en dehors de ce sinistre général les pertes par le feu se sont élevées, dans cette même année 1872, à sept millions cinq cent quatre-vingt-deux mille sept cent quarante-cinq francs, et en 1873, à treize millions quatre cent quatre mille sept cent soixante-cinq francs pour une population qui ne devait guère dépasser trois cent mille habitants, puisque le recense-

(1) Nous rappellerons que pareille chose est arrivée à Hambourg, qui a attendu la destruction de la moitié de la ville, en 1842, pour organiser le magnifique service d'incendie qui fonctionne aujourd'hui et auquel elle doit de ne plus supporter que des pertes relativement insignifiantes par le feu.

ment de 1868 en donne deux cent cinquante mille, sept cent cinquante, et celui de 1874, trois cent quarante-deux mille. Les décombres fumaient encore que l'on mettait à la disposition des ingénieurs plus de millions qu'ils n'avaient demandé de centaines de mille dollars, et dont une partie seulement, accordée en temps opportun, aurait évité à la ville cet épouvantable désastre!

LIEUTENANT
(tenue de campagne.)

Quatre administrateurs nommés par le maire dirigent le département des Secours contre l'incendie.

A SAINT-LOUIS

Saint-Louis a plus de vingt pompes à vapeur, traînées par deux, trois et quatre chevaux, projetant l'eau à 63 mètres de hauteur et 82 mètres de distance, et demandant trois ou quatre minutes pour être mises sous pression.

Les dévidoirs, traînés par deux chevaux, sont à quatre roues.

Seulement la discipline manque parfois, ainsi que le témoigne cette lettre écrite à un colonel des Sapeurs-Pompiers de Paris par l'ingénieur chef du syndicat des Compagnies d'assurances, dont l'action en Amérique est intimement liée à celle des services d'incendie.

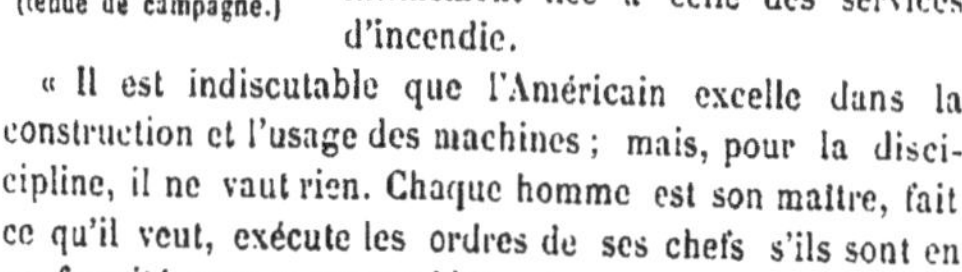

« Il est indiscutable que l'Américain excelle dans la construction et l'usage des machines; mais, pour la discipline, il ne vaut rien. Chaque homme est son maître, fait ce qu'il veut, exécute les ordres de ses chefs s'ils sont en conformité avec sa propre idée; sinon, non.

» L'an dernier, l'hôtel du Sud brûla; cinquante cadavres

restèrent ensevelis sous les décombres, bien que le rapport officiel n'en ait mentionné que dix-neuf. En France, tout eût été sauvé.

» J'ai déjà fait faire un appareil (sac de sauvetage) pareil au vôtre; il a parfaitement réussi, et toutes les grandes villes de l'Union l'adoptent; mais là s'arrête ma connaissance de votre organisation, et je m'adresse à vous pour le compléter, parce que vous seul pourrez nous éviter des désastres comparables à ceux de Boston et de Chicago. »

AVANTAGES DE L'ORGANISATION DES SAPEURS-POMPIERS DE PARIS SUR LES CORPS DE POMPIERS AUX ÉTATS-UNIS

Malgré l'outillage formidable, les beaux engins adoptés, les superbes systèmes télégraphiques employés aux États-Unis d'Amérique, c'est encore à Paris que revient l'avantage d'avoir le service le mieux ordonné, et cela, toujours grâce à son organisation militaire.

Ainsi que le disait le colonel Paris :

« *Le service d'incendie de Paris est exactement l'antipode de ceux des grandes villes de l'Union. Il est militaire :* les soldats y subissent les obligations imposées par le service militaire, et les gradés et les officiers y jouissent de la possession d'état que garantissent les lois militaires; il substitue dans la mesure du possible l'effort humain, qui est intelligent, au travail de la machine, qui ne l'est pas; enfin il est dressé bien plus encore pour le sauvetage des personnes que pour celui des choses. »

Avant d'exposer en détail l'organisation et le fonctionnement de ce service, nous caractérisons comme il suit son mode d'action et sa situation actuelle, comparativement à ceux que nous venons d'étudier et même aux services des autres capitales de l'Europe :

De tous les services d'incendie des grandes villes, c'est celui qui est le mieux constitué et le mieux outillé pour sauver les personnes, pour saisir les incendies à leur origine et les empêcher de prendre des proportions redoutables.

Du reste, nous pensons trouver un exemple frappant sur ce que vaut l'organisation civile dans le rapport suivant écrit par un ingénieur :

« Le caractère de l'administration des pompiers de Boston est essentiellement civil : bien qu'il y ait un uniforme réglementaire dans les postes, dans les rues et tout le service en général, il est fort rare de voir les hommes ou les officiers en tenue. Rien de moins militaire que les rapports des différents membres du corps entre eux. J'ai été spectateur des manœuvres au feu dans deux sinistres, et mon impression a été qu'on manquait d'ordre dans les opérations de secours et sauvetages. Si j'ai été frappé de cette confusion, de ce manque de direction, je ne l'ai pas moins été de la bonne volonté, de l'énergie et du courage individuel des hommes. Avec un matériel et un outillage aussi parfaits que celui des pompiers de Boston, je suis d'avis qu'il ne manque au corps, pour rendre tous les services qu'on est en droit d'en attendre, que d'être plus méthodique et mieux dirigé. La lutte contre le feu devrait être soumise à des règles et ne pas se borner à la résultante d'efforts individuels sans direction. Il devrait y avoir préalablement une instruction théorique et scientifique, pendant la manœuvre plus de discipline : les résultats changeraient du tout au tout. Mais avec l'absence d'autorité qui caractérise aujourd'hui la direction du département, il pourrait même paraître surprenant que le service ne marche pas plus mal. Ce phénomène trouve son explication dans les avantages précieux et les traitements considérables attachés à la position si enviée de chacun des membres de ce corps, où le simple pompier touche plus de 5.000 francs par an.

Cette situation est considérée comme des plus fâcheuses par tous les gens raisonnables qui vivent en dehors de la politique. Quant aux autres, ils sont les défenseurs de ces avantages et traitements exagérés, qui sont un appât pour leurs partisans et deviennent trop souvent la récompense de services électoraux. »

IV

ORGANISATION JUDICIEUSE DU SERVICE D'INCENDIE DANS LES GRANDES VILLES

Voici, d'après un rapport signé le 20 novembre 1891 par le colonel Ruyssen et les majors Krebs et Detalle, du régiment de Sapeurs-Pompiers de Paris, comment il faudrait organiser le service d'incendie :

1° Répartir les Sapeurs-Pompiers sur la surface de la ville en groupes capables, par leur effectif et le matériel à leur disposition, de combattre rapidement et utilement toute espèce de feu dans le périmètre placé plus directement sous la protection du groupe.

2° Installer des bouches d'eau à intervalles rapprochés pour assurer, largement et sans perte de temps, l'alimentation des lances, quel qu'en soit le nombre, nécessaires pour combattre le feu.

3° Fournir au public les moyens de réclamer l'aide des Sapeurs-Pompiers, dans un temps très court, après la découverte du feu.

4° Rechercher un personnel jeune, alerte, vigoureux et bien dressé.

5° Armer chaque groupe d'un matériel d'incendie léger, maniable, simple à manœuvrer pour assurer instantanément les sauvetages de personnes, et assez puissant pour suffire à l'extinction des feux moyens ou pour attaquer utilement un grand feu en attendant les renforts.

6° Assurer la traction des voitures d'incendie par des chevaux capables de transporter le personnel et le matériel sur le lieu du sinistre dans le minimum de temps.

7° Loger les Sapeurs-Pompiers dans des locaux appropriés aux exigences d'un service absolument spécial.

V

LE LIVRE D'OR DES SAPEURS-POMPIERS

Peu de personnes sont à même de se faire une idée des fatigues, les unes accidentelles, les autres quotidiennes, que supportent nos sapeurs. Une pompe armée pèse 565 kilogrammes; elle est traînée par trois hommes dont l'un porte, en outre, l'appareil à feu de cave, pesant 22 k. 500, et qui ne doivent avoir, pour aller au feu, d'autre allure que le pas gymnastique. Le jour, passe encore; les sapeurs sont les enfants gâtés de la population parisienne; dès qu'une pompe sort d'un petit poste, dix passants pour un se précipitent pour les aider. Mais, de minuit au matin, il n'y a personne dans nombre de rues! Et de jour comme de nuit, quand il s'agit d'un départ de caserne, commandé par l'officier de garde, composé de deux pompes, deux tonneaux, un chariot d'incendie, la discipline la plus rigoureuse doit reprendre tous ses droits, pour éviter le désordre et les accidents qui en résulteraient inévitablement; tout élément étranger au corps est sévèrement exclu. Que la rue monte, qu'il y ait de la boue, de la neige, il n'en faut pas moins arriver le plus vite possible. On arrive, souvent haletant, trempé de sueur, pour se mettre de suite dans l'eau ou tenir la lance, rôti par devant, gelé par derrière.

A côté de ces coups de collier accidentels, comme nous l'avons dit, fréquents toutefois dans certains quartiers, un autre détail du service, quotidien celui-là, est nécessairement la cause d'affections graves. Tous les soirs, dans les trente ou quarante théâtres de Paris, cinquante ou soixante sapeurs sont de faction au gril (la partie la plus élevée de la coupole au-dessus de la scène), dans lequel la température, dès le milieu du spectacle, n'est jamais inférieure à 32° ou 35°. Un quart d'heure après la représentation terminée, ces sapeurs sont dans la rue pour regagner leur caserne; pendant une partie de l'hiver dernier, ils y trouvaient une température de 15, 18 ou 20 degrés au-dessous de zéro : écart en quelques minutes, 50° et plus!

On pourrait écrire un gros volume rien que sur les actes d'héroïsme accomplis par les Sapeurs-Pompiers, ainsi que sur les victimes du dévouement que peuvent enregistrer les annales du corps. Ce serait le *Livre d'or des Pompiers*.

Montrons comment ces braves entre les braves savent accomplir leur devoir devant le feu qui est leur ennemi, et citons quelques exemples :

C'est à l'incendie du théâtre de l'Ambigu, le 3 juillet 1827, que le sapeur Maret trouva la mort. Il était de garde au théâtre et il avait porté les premiers secours, mais la flamme, envahissant rapidement tous les étages, lui avait coupé la retraite.

A un incendie, rue de Thoigny, le 30 novembre 1833, deux sapeurs et deux caporaux furent grièvement blessés.

Rappelons encore une fois qu'à l'incendie du théâtre de la Gaîté, le 21 février 1835, le sapeur Beaufils, qui était placé dans les cintres, lutta autant que possible contre le feu; mais, quand il voulut partir, l'incendie lui avait coupé toute retraite et il mourut victime de son dévouement.

Cinq sapeurs furent à demi-asphyxiés, le 15 janvier 1838, à l'incendie du Théâtre-Italien, et le directeur du théâtre qui allait périr, enfermé au troisième étage, fut sauvé par un caporal.

Le 29 novembre 1850, rue de la Vieille-Monnaie, un magasin de droguiste avait pris feu. Une tonne d'essence de térébenthine, ayant fait explosion, avait mis le feu à des essences de goudron, des résines. Dans la cave de la maison il y avait plus de trente tonnes d'autres essences. On sait que la rue était étroite et tortueuse et que la majorité des boutiques étaient des boutiques de droguistes, dont les caves renfermaient de terribles matières explosibles. La situation était donc terrible, épouvantable, tout le quartier pouvait sauter ou être la proie des flammes. Le salut vint des pompiers. Conduits par un lieutenant, écartant toute prudence personnelle, ils se jetèrent rapidement au milieu du danger étouffant le feu dans son foyer, portant au dehors les matières explosibles. Une ovation formidable devait saluer les braves à leur départ de la rue.

Le 16 octobre 1853, les grands ateliers du fabricant de pianos Debain, rue Vivienne 58, furent incendiés. Ces ateliers étaient contigus aux grands magasins des Villes-de-France, ce qui était un nouvel aliment pour l'incendie. Heureusement que les pompiers étaient là. Ils firent des prodiges pour abattre les murailles, isoler l'incendie, mais dix d'entre eux reçurent de graves blessures, et cinq durent passer de longs jours sur un lit de douleur.

Plusieurs Sapeurs-Pompiers furent blessés le 9 août 1858, dans le grand incendie de la scierie mécanique de la Petite-Villette.

Le 28 octobre 1859, un incendie éclata à la salle des séances du Sénat. Le feu était des plus vifs sous le comble qui recouvrait le plafond de la coupole. Il était éteint, quand malheureusement la coupole s'écroula sur les pompiers, dont plusieurs furent blessés. Le sergent-major Lebuste y eut la jambe fracturée.

Le 6 décembre de la même année, un feu violent prit chez un fabricant d'ouate, passage Saint-Sébastien.

Un corps de bâtiment, étant venu à s'écrouler, blessa grièvement un caporal.

L'année 1861 fut une année néfaste pour le corps des Pompiers.

Le 23 juillet, rue Monsieur-le-Prince, un fabricant de produits chimiques y mit le feu par imprudence. Un terrible incendie se déclare. Une boîte ayant fait explosion, des débris de phosphore atteignirent le sapeur Balthazar qui mourut après deux mois d'horribles souffrances.

Le 3 septembre, eut lieu une autre catastrophe. Un chantier de bois ayant pris feu, trois sapeurs furent blessés en s'aventurant courageusement à travers les flammes pour découvrir le foyer de l'incendie.

Le 7 octobre, nouveau sinistre. Rue Albany, se déclare un autre incendie. Le sapeur Brun, qui eut la jambe cassée par l'écroulement d'un mur, meurt à l'hôpital au bout de huit jours de souffrances intolérables. Plusieurs autres sapeurs sont blessés à la tête et retirés à demi-asphyxiés.

Le 2 février 1864, une fabrique de poteries, rue de Rennes, ayant pris feu, un sous-lieutenant fut blessé en cherchant à sauver une femme à demi-évanouie de terreur.

Le 21 juillet 1864, dans le passage du Saumon, une explosion d'huile de pétrole blessa grièvement trois Sapeurs-Pompiers.

L'année suivante, le 21 janvier, un capitaine, quatre sous-officiers et un caporal furent brûlés grièvement dans l'incendie d'une cave du boulevard des Buttes-Chaumont. Des substances volatiles entassées dans cette cave avaient occasionné une explosion violente. Le caporal fut si sérieusement défiguré qu'il ne put reprendre son service.

Une nouvelle victime est à citer à la fin de l'année 1866. Le 6 décembre, le caporal Guillot, en faisant sa reconnaissance dans un incendie de la rue de Berry Saint-Antoine, tomba du haut d'un toit qui s'écroula sous lui ; il mourut, quelques instants après, de sa chute.

C'est le 11 juillet 1868 que le caporal Hartmann trouva la mort dans des circonstances atroces.

Le feu avait pris dans les caves des Halles centrales. La voûte sous laquelle il se trouvait s'écroula, et malgré le touchant et empressé dévouement de ses camarades, il ne fut retiré de la fournaise qu'asphyxié aux trois quarts et couvert d'horribles brûlures.

On se souvient du grand et terrible incendie de l'Opéra, rue Lepelletier, en octobre 1873. Le caporal Antoine Bellet (1) vit un plafond s'écrouler sous ses pieds, fut précipité dans l'ardente fournaise avec plus de trois mètres de décombres brûlants sur lui. Il fut impossible de lui porter secours.

En janvier 1880, un violent incendie consumait à Orléans les magasins de la caserne de l'Étape.

On y vit aussi le dévouement des pompiers.

L'intérieur des bâtiments qui avoisinaient le magasin étant vite devenu un brasier, il fallut renoncer à pénétrer dans le foyer de l'incendie par les escaliers de service, et c'est en dressant résolument des échelles contre les murs de cette fournaise, qu'au milieu des flammes les pompiers ont rempli leur périlleuse tâche. Sous leurs pieds, pour ainsi dire, se sont écroulés avec fracas, sur une longueur de 40 mètres, les planchers et la charpente des couvertures. Heureusement, on n'a pas eu de perte d'homme à regretter.

A la suite de l'incendie de l'Opéra-Comique, le colonel Couston, commandant le corps des Sapeurs-Pompiers, adressait aux officiers, sous-officiers et soldats de son régiment, l'ordre du jour suivant :

« Dans la soirée du 25, l'incendie d'un théâtre, sinistre aux conséquences toujours redoutables, a jeté la consternation dans notre chère capitale.

» L'Opéra-Comique a été consumé par les flammes.

» La mort de chaque victime vous cause une douloureuse amertume et vous semble un rapt fait à votre dévouement. Vous avez, du moins, la consolation de penser que les pertes ont été très inférieures à la moyenne statistique des catastrophes de cette importance effroyable.

(1) Il appartenait à la caserne de Reuilly.

» Le résultat est dû largement à votre courage et aussi au soin que vous avez pris de vous conformer à l'esprit des règlements.

» Les spectateurs le doivent en grande partie au sang-froid d'un jeune et brillant artiste, dont la présence d'esprit fera école parmi ses sympathiques camarades.

» Ce malheur fera faire un grand pas à la réalisation de vos déjà bien vieux desiderata pour les améliorations pour lesquelles les efforts des administrations diverses ont été trahis par leurs ressources. Elles n'auront qu'à suivre l'exemple donné par la ville de Paris dans ses théâtres municipaux.

» Officiers, sous-officiers et sapeurs,

» Ceux de vos camarades qui ont eu le grand honneur de combattre le feu, ont tous bien mérité du régiment, mais quelques-uns ont eu le bonheur de faire, dans cette nuit épouvantable, plus de sauvetages que leurs émules.

MÉDECIN AIDE-MAJOR
(petite tenue.)

» Je les cite par ordre de mérite et par grade :

» M. le lieutenant-colonel Verny;

» M. le chef de bataillon Depruneaux ;

» M. le capitaine Maimbourg;

» M. le capitaine Moyart;

» MM. les lieutenants Faye, Benoît, Goguet et Cordier;

» M. le sous-lieutenant Draullette;

» Les sergents-majors Pierson, Fréchard et Drouet;

» Les sergents Lemaire, Dase, Taurelle, Cumine, Bouffet, Caperan, Fuzeré, Dubois, André et Terré;

» Les caporaux Pouzens, Charton, Bourreau, Fabre, Malicet, Cosimi, Perrin, Baldi, Drieux, Nairaud, Boyer, Touronde, Palmade, Feuillâtre, Loyan, Couvreux, Berthomieu, Fléchier et Payen;

» Les sapeurs Tremblay, Genevrier, André, Morin, Batié, Diné, Gential, Raiffay, Raynaud, Cressin, Jaillet, Patay, Chevalier, Moréliéras, Lhote, Moriéras, Achalme, François, Brizart, Delau, Bouvet, Mermillot, Martin, Berlinguet, Leblanc, Tadieu, Gourey, Berthelot, Laumont, Duclos, Chelin, Bardier et Guyard.

» J'ai demandé des récompenses, et j'ai la conviction que nos généraux et M. le Ministre de la guerre plaideront chaleureusement votre cause auprès de M. le Président de la République.

» Paris, le 28 mai 1887.

» Le colonel,
» Signé : Couston. »

Voulez-vous encore, plus près de nous, un autre exemple du dévouement étonnant de nos braves Sapeurs-Pompiers, lisez ce simple fait divers raconté par les journaux (1) :

Le feu de la rue du Temple.

« Une épaisse fumée, sortant par l'allée et les boutiques de la maison portant le numéro 15 de la rue du Temple, mettait en émoi hier, vers deux heures et demie de l'après-midi, tous les habitants de ce quartier populeux par excellence. Le foyer de l'incendie était sans aucun doute dans les

(1) L'*Éclair*, 21 septembre 1891.

caves; mais la fumée empêchait toute reconnaissance de la part des premières personnes accourues sur les lieux, parmi lesquelles un sauveteur, M. Louis Gay.

» Quelques minutes après arrivaient M. Duranton, commissaire de police, de Beugny, son secrétaire, et les pompiers de la caserne Sévigné, qui mettaient en batterie une pompe et un appareil ventilateur.

» En même temps, un sapeur, revêtu du traditionnel scaphandre, descendait dans la cave. Mais, au bout de trois minutes, on le remontait à demi-asphyxié et on le transportait à la pharmacie Raspail. Un planton détaché à l'état-major alla de suite requérir la voiture d'ambulance, qui arriva avec le major Hassler. Le sapeur fut promptement rappelé à la vie. Mais, tandis que la voiture d'ambulance le ramenait à l'hôpital, un autre... puis un autre... un autre encore, descendaient et étaient remontés aussitôt dans le même état. C'était un lamentable spectacle, que celui de ces braves soldats congestionnés par l'acide carbonique, les membres déjà raidis par l'action délétère de la fumée et que leurs camarades transportaient comme des cadavres inertes à la pharmacie, où ils recevaient les premiers soins.

» Douze sapeurs, dont un adjudant, subirent successivement un commencement d'asphyxie assez grave. Un sergent descendit onze fois! et chaque fois, il fallut, en le ramenant à l'air libre, le ranimer avec force frictions et eau de mélisse.

» L'adjudant rappelé à la vie et que la suffocation avait pris au moment où il entamait une porte de cave avec la hache, voulut également retourner au feu. Il fallut toute l'autorité du major Hassler pour le forcer à prendre place dans la voiture d'ambulance. Il en fut ainsi jusqu'à sept heures du soir, sans que l'on pût découvrir le foyer de l'incendie. A ce moment arrivèrent les pompes de la caserne du Château-d'Eau, qui venaient renforcer leurs collègues, puis vinrent également ceux de la caserne de Chalagny et de la rue Jean-Jacques Rousseau.

» Deux nouveaux appareils ventilateurs furent mis en batterie et les recherches continuèrent.

» Dix sapeurs descendirent de sept heures à neuf, et tous les dix furent remontés à demi-asphyxiés. Enfin, un sergent et un caporal de la rue Jean-Jacques Rousseau, revêtus du scaphandre, tentèrent une nouvelle épreuve et s'engagèrent dans le couloir tortueux qui dessert les caves. A mi-chemin le sergent fut pris d'une syncope et remonta immédiatement; le caporal, doué d'un tempérament plus robuste, continua seul les recherches et fut assez heureux pour découvrir, dans une cave remplie de paniers d'osier, de pommes et de charbon de terre, le foyer de l'incendie. Il n'y avait plus qu'à inonder l'endroit, ce qui fut fait aussitôt, et à dix heures tout était terminé.

» Les nouvelles des vingt-deux sapeurs asphyxiés sont rassurantes : quatre seulement sont assez gravement malades, les dix-huit autres en seront quittes pour un jour de repos.

» La cave où le feu a pris naissance était louée par un nommé Marguet, marchand de légumes, qui en avait fait une resserre. On suppose qu'une combustion spontanée se sera produite par l'agglomération des paniers d'osier emmagasinés dans un petit espace. »

Arrêtons ici cette liste si triste pour nous et si glorieuse pour le drapeau du régiment, et terminons par ce mot que le maréchal Canrobert disait au régiment, en lui donnant son drapeau : « *Vous avez bien mérité de la Patrie!* »

APPENDICES

DÉFINITION DES TERMES PRINCIPAUX

EMPLOYÉS DANS LES OPÉRATIONS A FAIRE POUR L'EXTINCTION DES INCENDIES

Reconnaissance.

Reconnaître un feu, c'est parcourir, dans la mesure du possible, le bâtiment qui est la proie des flammes, et prendre tous les renseignements nécessaires, afin de savoir positivement où est le foyer de l'incendie et quelle est la nature des matières qu'il dévore.

Établissement.

Faire un établissement, c'est disposer la pompe et les tuyaux de la manière la plus facile et la plus convenable pour éteindre promptement le feu.

Attaque.

Attaquer le feu, c'est se porter dessus avec la lance, et faire tout ce qu'il faut pour le refouler et l'éteindre.

Développement.

Développer, c'est enlever les tuyaux de dessus la bâche, les dérouler et les placer de manière à diminuer les coudes, afin que l'eau puisse arriver à la lance promptement et avec force.

Manœuvre.

Manœuvrer, c'est faire mouvoir la machine, afin de faire arriver au bout de la lance l'eau dont on a besoin, et la projeter avec force.

Armement.

Armer, c'est placer sur le chariot tous les agrès nécessaires pour sauver les personnes et éteindre le feu.

Noircir.

Noircir signifie arroser les boiseries et les murs qui ne sont qu'effleurés par les flammes, afin d'empêcher qu'ils ne s'enflamment eux-mêmes. Ils noircissent en effet par cette opération, se charbonnent sans s'enflammer, ce qui permet de ne s'occuper que du foyer.

De la Reconnaissance.

(d'après le chevalier Paulin.)

Lorsque les sapeurs seront arrivés sur le lieu incendié, le chef et le premier servant feront la reconnaissance qui est la partie la plus essentielle, en ce que d'elle dépend un succès plus ou moins prompt; ils prendront pour cela des renseignements sur les localités, ils laisseront à la garde de la pompe le deuxième servant, qui doit s'opposer à ce que personne y touche avant le retour du chef. Cela fait, ils se transporteront dans le bâtiment incendié, munis, le chef de la hache, le premier servant du cordage; ils approcheront le plus possible du foyer, jugeront de son étendue, de la nature des matières en combustion, et des moyens à employer pour les éteindre le plus sûrement; après quoi, ils reviendront près du dévidoir.

Le cordage sert à se hisser aux points difficiles à atteindre; la hache, à abattre les pièces qui, par leur position, pourraient communiquer le feu.

Dans sa reconnaissance, le chef aura eu soin de remarquer

la forme des escaliers, la direction des corridors à parcourir, afin de juger de la quantité des tuyaux qu'il y aura à développer, et par conséquent du nombre de demi-garnitures à employer.

INSTRUCTION GÉNÉRALE

SUR LES MESURES A PRENDRE AUX ENVIRONS DES LIEUX INCENDIÉS

(d'après le commandant PAULIN.)

Lorsqu'un incendie se déclare, il faut :

1° Arriver promptement sur les lieux afin d'éviter que le feu ne fasse des progrès, ce qui augmente considérablement les difficultés, non parce qu'il y a une plus grande masse de feu, mais parce qu'il y a plus de points de contact avec le voisinage, ce qui force à disséminer les moyens, et rend la surveillance plus difficile.

2° Faire retirer immédiatement, et à grande distance, la foule des curieux et des travailleurs bourgeois, qui mettent autour du lieu de l'incendie une confusion et un désordre susceptibles de produire de graves accidents, et rendent le plus souvent leur zèle plus nuisible qu'utile, en ce que, n'ayant pas les connaissances nécessaires, ils ouvrent toutes les issues sans discernement, établissent des courants d'air qui donnent de l'activité au feu, et le portent souvent dans les parties du bâtiment qu'il n'eût pas dû atteindre ; qu'ils convertissent ainsi en incendie déplorable ce qui n'eût été souvent qu'un feu de peu d'importance ;

Qu'ils envahissent le terrain sur lequel on doit opérer, et que, lorsque les pompiers arrivent, ils ne peuvent voir la disposition des lieux, et juger d'un coup d'œil de l'ensemble des opérations qu'ils ont à faire ;

Enfin, que parmi les curieux et les travailleurs se glissent une foule de filous, qui, sous le prétexte de porter des secours, dévalisent les habitations et mettent le désordre à dessein, afin de pouvoir mieux agir dans leurs intérêts.

3° S'informer, aussitôt qu'on est arrivé sur les lieux, s'il y a des personnes à sauver, afin d'arriver dans les logements par les croisées et avec le sac de sauvetage, si les escaliers sont envahis par le feu et sont devenus impraticables.

4° Faire une reconnaissance rapide des lieux, disposer les postes de secours aux points les plus dangereux pour le voisinage, en même temps qu'on s'occupe d'empêcher les progrès du feu en attaquant le foyer de l'incendie.

La chaîne.

Autrefois, quand un incendie éclatait à Paris, on forçait les citoyens, les habitants, les passants même à faire la chaîne, c'est-à-dire à *passer* de l'*eau aux pompiers*.

« L'emploi de la chaîne ne peut avoir et n'a qu'un nom dans le Paris de 1880, disait le colonel Paris, c'est un vestige de barbarie et de féodalité : de barbarie, car l'eau est gaspillée en majeure partie, n'arrive que par intermittence ou pas du tout, et, pendant ces temps d'arrêt, l'incendie gagne; elle nécessite le concours d'un grand nombre de citoyens, dévoués sans doute, mais bruyants, inordonnés, dont l'agglomération, en paralysant les manœuvres commandées par le chef d'incendie et l'action de la police, retarde le moment de la victoire sur le fléau et favorise l'intrusion des malfaiteurs; de féodalité, car les chaînes sont formées pour les neuf dixièmes, sinon plus, d'ouvriers arrachés à leur travail ou à un repos chèrement acheté, et qui les quittent couverts de vêtements trempés qu'ils n'ont pas toujours la possibilité de remplacer. »

Service de surveillance.

« En dehors des cas de flagrant délit, entraînant un commencement d'incendie, les fonctionnaires de l'ordre administratif et judiciaire ont seuls qualité pour relever les contraventions aux ordonnances sur la sécurité publique. Les Sapeurs-Pompiers n'exercent de surveillance préventive que dans les bâtiments de l'État et de la ville où ils ont des postes permanents, et les théâtres où ils entretiennent des grand'gardes. »

RÉGLEMENTATION MUNICIPALE PRÉVENTIVE DE PARIS

CONTRE LES INCENDIES

Les principales ordonnances de police concernant le feu sont les suivantes :

L'ordonnance du 2 janvier 1867, concernant la fabrication et le commerce des huiles minérales et autres hydrocarbures ;

L'ordonnance du 15 septembre 1875, concernant les incendies ;

La consigne générale pour le service d'incendie dans les théâtres, établie par le colonel des Sapeurs-Pompiers et homologuée par arrêté du préfet de police du 16 juin 1879 ;

Les arrêtés du 18 février 1862 et 2 avril 1868, relatifs aux conduites et appareils d'éclairage et de chauffage par le gaz à l'intérieur des bâtiments et habitations ;

L'arrêté du 8 août 1874, sur la construction des tuyaux de fumée dans l'intérieur des maisons de Paris (vient d'être révisé et modifié).

INSTRUCTION PARTICULIÈRE A DONNER AUX SAPEURS-POMPIERS

RELATIVEMENT A LA CONSTRUCTION DES BATIMENTS

Il y a près de cinquante ans, dans le *Manuel des Sapeurs-Pompiers*, le chevalier Paulin qui commandait alors le corps des pompiers de Paris, leur donnait d'excellents conseils relativement à la construction des bâtiments. Ces conseils, qui sont loin d'être à dédaigner, sont tout aussi utiles aujourd'hui qu'alors, et il nous paraît intéressant de les reproduire, car plus d'un pompier pourra en faire son profit (1).

(1) En 1845, le chevalier Gustave PAULIN écrivait ainsi ces judicieux conseils :

Pour qu'un corps puisse brûler, il faut qu'il soit en contact avec l'air; si l'on empêche ce contact, le corps enflammé s'éteindra. Il suffira donc, pour

Pour compléter l'instruction des Sapeurs-Pompiers, disait-il, il est indispensable de leur donner quelques idées succinctes sur la construction des édifices, et de leur faire connaître quelles sont les parties desquelles dépendent leur solidité, afin qu'ils aient soin de les conserver intactes, ou du moins, de les préserver le plus possible jusqu'au dernier moment.

C'est dans ce but que nous avons dit plus haut que le corps des Sapeurs-Pompiers devait, autant que possible, se composer d'ouvriers en bâtiments qui ont déjà une partie de ces connaissances.

obtenir ce dernier effet, d'interposer une substance quelconque entre le corps en combustion et l'air.

Il est aisé de comprendre que plus les molécules de cette substance seront divisées, plus le contact avec le corps embrasé sera immédiat, et par conséquent plus elle sera favorable à l'extinction du feu.

Les liquides étant de tous les corps ceux dont les molécules sont les plus divisées, sont aussi ceux qui peuvent le mieux remplir le but qu'on se propose; et de tous les liquides, l'eau étant le plus abondant, le plus commun et le moins cher, c'est celui dont on se sert ordinairement.

On emploie, dans certaines circonstances, et avec plus d'avantage, le fumier, la terre, lorsqu'on en a, et cela lorsqu'il s'agit d'éteindre le feu mis à des essences ou à des corps huileux.

L'eau qu'on jette sur le feu ne doit pas être divisée, sans quoi on activerait la combustion, au lieu de la réprimer. Il faut que la masse de liquide soit compacte, pour que le feu ne puisse la volatiliser facilement, et donner ainsi un aliment à la combustion; qu'elle soit lancée avec force pour séparer les charbons.

Et le commandant ajoutait d'autre part :

Pour bien comprendre mon idée, il faut d'abord accepter pour principes :

1° Qu'on ne doit jamais attaquer un feu en jetant l'eau d'une grande distance, parce que cette eau n'arrive que fort divisée et ne produit jamais un bon effet, tandis qu'elle peut dans certaines circonstances, en produire de très mauvais en activant le feu, surtout lorsqu'il fait du vent.

2° Qu'il faut que celui qui tient la lance soit le plus près possible du feu, afin de bien diriger son jet, qui, arrivant compacte sur le foyer, non-seulement le noie, mais encore agit par sa force pour détruire les charbons au fur et à mesure qu'ils se forment. L'eau, arrivant avec vigueur, entre fort avant dans les pores du bois, en sorte qu'il ne peut plus s'enflammer et ne fait que se noircir, comme cela arrive lorsqu'on brûle du bois humide dans une cheminée.

3° Que, dans l'extinction d'un incendie, le foyer principal n'est pas le point dont on doit s'occuper spécialement, mais que c'est sur ce qui l'environne que doit se porter toute la sollicitude des sapeurs, afin d'empêcher le feu de faire des progrès.

Des linteaux en palâtre et des voûtes.

Il faut mouiller continuellement les linteaux des croisées, car si les palâtres venaient à être découverts par l'effet de la grande chaleur sur les plâtres, et qu'ils fussent consumés, la partie de la maçonnerie qu'ils supportent s'écroulerait et causerait un grand ébranlement dans l'édifice, puisque les parties latérales ne seraient plus soutenues; de plus, en tombant, cette masse de maçonnerie causerait de grands accidents.

Il en est de même pour les linteaux des portes.

Si ces ouvertures sont voûtées, et que les flammes aient fortement échauffé les voussoirs, il faut, au contraire, éviter de les mouiller, dans la crainte de les faire éclater et de déterminer la chute de la voûte qui supporte tout le dessus.

Il en est de même pour les voûtes des caves lorsque le feu prend aux matières réunies dans ces lieux; l'écroulement de la voûte ébranlerait tout l'édifice.

Des parquets.

Lorsque le feu est dans un étage et que les parquets sont embrasés, il faut avoir soin de découvrir les poutres afin d'empêcher que le feu ne les attaque, sans quoi le plancher pourrait s'écrouler; dans sa chute, il ébranlerait le bâtiment, enfoncerait les étages inférieurs, les encombrerait, empêcherait l'emploi des secours, et y porterait le feu, s'il n'y était déjà.

Si un plancher est embrasé, il faut porter toute son attention à défendre les pièces principales, qui supportent le système, afin d'éviter que le plancher ne tombe en masse, si, malgré tous les efforts, on n'a pu le conserver.

Des combles.

Dans les combles, il est des pièces de charpente qui supportent toutes les autres ou qui les retiennent ensemble et maintiennent tout le système. Il faut donc porter ses soins à conserver ces pièces le plus longtemps possible, afin d'éviter que la charpente ne s'écroule, parce que non seulement elle enfoncerait par sa chute les étages inférieurs et y porterait le feu, mais aussi parce que, suivant la nature de la construction, ces pièces de bois pourraient entraîner une partie des murs supérieurs. Il faut donc que les sapeurs connaissent les propriétés de toutes ces pièces. D'ailleurs, les combles étant ordinairement habités par les domestiques, par des malheureux ou par des ouvriers qui travaillent à la lumière, ce genre de feu est très fréquent. A Paris, les blanchissages des étoffes, des objets en tissu de paille, etc., qui s'opèrent à la vapeur du soufre, se font dans les combles, attendu que ce genre d'industrie ne peut s'exercer dans les étages inférieurs, parce que les vapeurs sulfureuses incommoderaient la population, et que l'autorité s'y opposerait.

Il faut aussi conserver le plus longtemps possible les chenaux en plomb, attendu qu'en cas de nécessité ils peuvent servir de communications pour porter des secours, et sont souvent un chemin de retraite pour les Sapeurs-Pompiers.

Les pièces à conserver dans une charpente sont :

1° Le poinçon qui supporte les arbalétriers;

2° Les arbalétriers et les arêtiers dans les croupes, qui supportent les pannes et par suite les chevrons et le reste de la toiture;

3° Les entraits qui empêchent l'écartement des arbalétriers.

Ces pièces, en tombant, non seulement entraîneraient la toiture mais enlèveraient aussi la corniche et les chenaux, qui, comme nous l'avons dit plus haut, sont extrêmement nécessaires.

Des hangars.

Dans les hangars, les charpentes sont, le plus souvent, assemblées sur des montants qui servent de piles et qui vont du bas au haut de l'établissement; sur ces pièces reposent les sablières, les entraits, les fermes; elles supportent donc tout le système. Ce sont, par conséquent, ces parties qu'il faut conserver avec plus de soin, et les fermes après.

Des escaliers.

Dans les escaliers en bois, soit qu'ils soient isolés ou enfermés dans une cage, ce sont les assemblages du limon dont il faut s'occuper spécialement, après avoir noirci le tout; car, si les tenons venaient à brûler, les pièces se disjoindraient, l'escalier s'écroulerait, et toute communication avec les étages supérieurs deviendrait fort difficile.

Des planchers contigus aux murs mitoyens.

Dans les planchers contigus aux murs mitoyens, il arrive souvent que les poutres des étages qui sont à la même hauteur se trouvent bout à bout sur ces murs; dans ce cas, il faut empêcher que ces poutres ne s'enflamment aux extrémités, dans la crainte qu'elles ne communiquent le feu à la maison voisine.

Des calorifères.

Les calorifères, passant sous des parquets, reposent entre deux longerons : la grande chaleur dessèche ces pièces de bois, et si, par un motif quelconque, le tube vient à être percé, ce qui arrive souvent, les pièces de bois se charbonnent, et lorsque, par la trop grande chaleur ou par une cause quelconque, le parquet vient à se disjoindre, le courant d'air qui s'introduit sous le parquet peut déterminer le feu, et alors il éclate avec violence, parce que les pièces de bois sont très sèches; dans ce cas, il faut découvrir le parquet au-dessus du tuyau et le suivre dans toute sa longueur, afin d'examiner les longerons qui sont de droite et de gauche.

Des cheminées.

Les cheminées, dont les âtres ne sont pas sur une trémie en fer, peuvent, par la grande chaleur du foyer, faire crevasser l'âtre et déterminer le feu dans les pièces de bois qu'ils supportent.

Les planchers mal construits et dont les longerons passent

trop près des tuyaux de cheminées, peuvent occasionner le feu par suite des crevasses qui se déterminent dans les languettes, et des dépôts de suie qui s'y forment.

Des pans de bois.

Lorsque le feu prend dans un bâtiment, et que quelques-unes de ses parties sont en pans de bois recouverts en plâtre, il faut arroser continuellement les plâtres, afin de les empêcher de se détacher, sans quoi les bois seraient mis à nu et s'enflammeraient ; et, comme il se trouve dans ces constructions beaucoup de vides; que, de plus, les plâtres sont retenus par un lattis qui prend feu avec une grande facilité, non seulement on aurait beaucoup de peine à l'éteindre, mais encore il pourrait se communiquer facilement dans le bâtiment contigu.

Les pans de bois peuvent être disposés de deux manières : les uns sont assis sur un dé en maçonnerie dépassant la fondation de trente-trois centimètres ou de un mètre (un ou trois pieds), pour préserver la sablière de l'humidité.

Les autres sont assis sur un mur qui s'élève jusqu'au premier étage ou au-dessus.

Dans le premier cas, on conserve le pan de bois comme un mur ordinaire, c'est-à-dire qu'on préserve le plus possible les plâtres contre l'action du feu, dont l'intensité le ferait éclater, ce qui mettrait les matériaux à nu et par suite enflammerait les uns et ferait éclater les autres.

Avec ces précautions, un pan de bois recouvert d'un enduit de plâtre bien fait, de vingt-sept millimètres (un pouce) d'épaisseur, présente autant de sûreté qu'un mur.

Si un pan de bois, dans ces conditions et dans un incendie, menace ruine, on déterminera sa chute du côté du foyer au moyen d'arc-boutants, ou par un tirage fait par la partie supérieure, comme pour un mur ordinaire.

Dans le cas où le pan de bois est établi sur un mur élevé, il peut arriver que la sablière, qui se trouve au niveau des planchers, et sur laquelle se trouvent fixés les montants, soit attaquée par le feu, et que les planchers s'écroulent; dans ces deux hypothèses, le pan de bois ne présente plus la même solidité et menace ruine.

Dans ce cas, comme dans le premier, on préservera le pan de bois de l'action du feu, comme nous l'avons dit ci-dessus. Mais s'il menace de tomber, ce peut être ou du côté du foyer ou du côté de la rue.

Si le pan de bois menace de tomber dans le foyer, il ne faut pas s'y opposer; au contraire, il faut l'y déterminer en faisant un tirage par le haut; c'est ce qui peut arriver de plus heureux, puisqu'on ne fait qu'alimenter le foyer sans propager l'incendie aux environs; que la rue n'est pas encombrée, et qu'il ne peut arriver d'accidents.

Si on craint la chute du côté de la rue et par le haut du pan de bois, il faut s'y opposer de tous ses moyens, parce que, s'il est plus haut que la rue n'est large, il est évident que dans sa chute, il mettra le feu aux maisons qui sont en face, puisqu'il brisera les croisées et jettera des brandons dans tous les appartements, s'il n'ébranle pas même la maison, et que l'on n'osera plus passer dans la rue à cause du danger qu'on courrait, ce qui paralyserait les moyens de secours.

Dans ce cas, il faut forcer le mur à converser sur la sablière et à venir se coucher dans la rue par son pied, le haut tombant dans le foyer.

Pour obtenir ce résultat, il faut se placer dans les maisons qui font face à l'intérieur du pan de bois; faire mouiller fortement le mur aux points sur lesquels repose la sablière, et puis laisser reprendre le feu en faisant cesser la manœuvre; le passage subit du moellon de l'humidité à une forte chaleur, le fera éclater; il faudra recommencer plusieurs fois cette manœuvre; en peu de temps, la partie du mur qui supporte immédiatement la sablière se détruira du côté de l'intérieur; la sablière n'étant plus supportée de ce côté, s'inclinera vers l'intérieur, et le poids du pan de bois le forcera lui-même à s'incliner du côté du foyer, en sorte que lorsqu'il s'écroulera, son pied tombera dans la rue et la partie du haut dans le foyer. De cette manière, on parera à l'inconvénient dont nous avons parlé ci-dessus, relativement aux maisons qui sont en face, et les matériaux qui encombreront la rue pourront être promptement enlevés sans danger, afin de rendre la circulation aux pompiers.

Avant de faire cette opération, il faut avoir soin de faire évacuer les boutiques du rez-de-chaussée, car il est évident que les pièces de bois, en tombant et glissant par leur pied, briseront les devantures, ce qui occasionnerait de graves accidents, si on persistait à y rester.

Un exemple frappant de l'efficacité de ce procédé a été obtenu au feu du théâtre du Vaudeville, où le pan de bois qui formait la façade de cet édifice du côté de la rue de Chartres, a été obligé, par cette manœuvre, de couler sur la sablière sans qu'il en soit résulté aucun inconvénient, tandis que si le pan de bois se fût renversé par le haut du côté de la rue, il aurait envahi deux étages des maisons qui se trouvaient en face; il en fût résulté de grands dommages, et tout le quartier eût été en émoi.

Nota. — On a pu remarquer, à l'attaque de l'incendie de ce théâtre, aussi bien qu'à celui de la Gaîté (ils étaient entourés de maisons), que le moyen indiqué dans le cours de cet ouvrage, pour l'extinction de l'incendie, et qui consiste à circonscrire le foyer, pour refouler le feu sur lui-même, est infaillible, puisque, malgré les dangers imminents que couraient les bâtiments environnants, ils n'ont éprouvé aucun dégât.

MANIÈRE DE CONSTRUIRE LES SALLES DE SPECTACLE

POUR PRÉVENIR LES INCENDIES

ET DU SERVICE QUE DOIVENT Y FAIRE LES SAPEURS-POMPIERS

Les théâtres servent à la réunion d'un public nombreux; ils sont éclairés par une grande quantité de lumières appuyées contre les montants des coulisses, à proximité de toiles flottantes. Dans certains théâtres on donne des pièces à artifices, et il y a danger d'incendie. On a donc dû s'occuper avec soin des moyens de prévenir les sinistres dans ces lieux, où les malheurs seraient incalculables.

Les anciennes salles du spectacle sont souvent construites

CHEF DE BATAILLON (tenue de ville.)

en pans de bois et recouvertes en charpentes, ce qui, en cas d'accident, donnerait peu d'espoir de sauver les bâtiments, et est actuellement le sujet de vives inquiétudes.

Depuis 1829, l'administration, avertie, et forte d'expériences acquises par les incendies de plusieurs théâtres, a formé une commission pour examiner ces établissements et proposer des améliorations. Cette commission a posé comme principes :

1° Que les salles de spectacle doivent être séparées des habitations par un isolement de deux mètres quatre-vingt-douze centimètres (neuf pieds) tout autour, afin d'éviter le contact et d'avoir une circulation qui permette de porter les secours sur tous les points;

2° Que le théâtre et la salle doivent être enfermés dans une enceinte par un mur de quatre cent quatre-vingt-six millimètres (dix-huit pouces) en bonne maçonnerie, de manière à tout concentrer dans cet espace en cas d'événement;

3° Que la couverture doit être en fermes de fer et en poterie ;

4° Qu'un gros mur doit séparer la salle de théâtre depuis le point le plus bas jusqu'au point le plus élevé; que la seule ouverture doit être celle de la scène ;

5° Que l'ouverture de la scène doit pouvoir être fermée instantanément par un rideau métallique à mailles et non plein, afin d'isoler, la salle du théâtre en cas d'incendie, et que ce rideau doit toujours être baissé après le jeu; que la manœuvre du rideau doit se faire du corps-de-garde des pompiers, pour qu'il soit lâché aussitôt que la sonnette d'alarme se fera entendre ;

6° Que toute communication avec les dessous doit être interdite à toute autre personne qu'au lampiste et au machiniste;

7° Que toutes les portes de communication du théâtre, avec les dehors du mur d'enceinte, doivent être fermées avec des portes retombantes, en fer ou en bois doublé de tôle;

8° Que toutes les constructions en dehors du gros mur d'enceinte, telles que corridors, escaliers, loges d'acteurs, foyers, etc..., doivent être faites en matériaux incombustibles;

9° Que toutes les lumières, tant du théâtre que du lustre, doivent être entourées d'un réseau métallique;

10° Que les magasins de décors doivent être séparés du théâtre;

11° Que les issues pour la sortie et l'entrée doivent être larges et nombreuses;

12° Que les fils des sonnettes d'alarme, dans les différents étages, doivent correspondre chacun à la cave, et ne pas être, comme aujourd'hui, solidaires l'un de l'autre;

13° Qu'il ne doit y avoir aucun logement particulier dans l'établissement;

14° Que les ouvriers ne doivent pas avoir leurs ateliers de menuiserie dans les dessus, et que défense doit leur être faite de fumer en travaillant et de travailler à la lumière;

15° Que toutes les toiles de plafonds et autres doivent, autant que possible, être imbibées de dissolutions salines pour retarder le développement de la flamme;

16° Que des portes de retraite doivent être ménagées en dehors des autres.

PRÉCAUTIONS A PRENDRE

DANS LA CONSTRUCTION DES MAISONS DANS LES VILLES ET VILLAGES (1)

Il faut:

1° Que les rues soient larges;

2° Que le mur mitoyen entre deux maisons soit en bonne maçonnerie, afin que si l'une d'elles s'écroule par suite de l'incendie ou pour tout autre cause, celle qui lui est contiguë n'ait rien à craindre pour sa solidité;

3° Que ce mur mitoyen soit exhaussé d'un mètre (3 pieds) au-dessus du faîtage le plus élevé des deux maisons contiguës, afin d'empêcher le feu de se communiquer d'une maison à l'autre en suivant le faîtage et les rampants de la toiture; ce mur servira, en même temps, à établir des gradins pour la réparation des couvertures; de parapet derrière lequel se tiendront les Sapeurs-Pompiers pour attaquer faci-

(1) D'après le commandant Paulin.

lement le feu; on pourra aussi y adosser avec avantage les tuyaux de cheminées;

4° Que les pannes des rampants des toitures ne soient pas encastrées par leurs extrémités dans les murs mitoyens, ce qui peut, lorsque les maisons sont de même hauteur, communiquer le feu d'une maison à l'autre; il doit en être de même des faîtages.

Ces pannes et faîtages doivent reposer, par leurs extrémités, sur un ferme adossé au mur mitoyen, afin que lorsque, par un motif quelconque, les toitures viendront à s'écrouler, elles ne puissent déchirer le mur mitoyen, ce qui permettrait au feu de se communiquer d'une maison à l'autre dans le cas où l'écroulement proviendrait d'un incendie.

Les mêmes précautions devraient être prises pour les planchers, dont aucune pièce en bois ne devrait être encastrée dans le mur mitoyen; il faudrait les faire reposer sur des chevêtres appuyés le long des murs, et supportés par de forts corbeaux en fer, dont la queue pourrait occuper, pour plus de solidité, toute l'épaisseur du mur mitoyen; on rendrait, par ce moyen, la chute des planchers moins facile et moins dangereuse. Le feu ne pourrait se communiquer dans la maison voisine par les abouts des poutres, ou par les déchirures qui se font.

Nota. — Les murs mitoyens devraient préférablement être construits en briques, ces matériaux étant plus réfractaires, moins susceptibles de s'éclater par l'action du feu, et présentant plus de solidité pour la construction à cause des assises planes.

La nécessité d'un bon mur mitoyen et de son élévation à un mètre (3 pieds) au-dessus du faîtage, se fait encore plus sentir dans la construction des maisons des villages, parce que ces dernières sont souvent couvertes en chaume, et que lorsque le feu a pris à une couverture, il se communique à toutes celles qui lui sont contiguës, sans que rien puisse s'y opposer matériellement et donner aux sapeurs le temps d'arriver.

LES COMMUNES ET LES SAPEURS-POMPIERS

L'entretien des pompiers aux frais des Compagnies d'Assurances. — Les conseils municipaux se remuent. — 24,000 communes sans matériel d'incendie. — Ce qui se passe à l'étranger.

Les frais d'entretien des compagnies des Sapeurs-Pompiers et de leur matériel *sont*, on le sait, *tout entiers à la charge des communes*.

Plusieurs conseillers municipaux ont émis, au cours de leur session d'août, des vœux « pour que ces frais fussent à l'avenir à la charge des Compagnies d'assurances sur l'incendie, les seules intéressées. »

Déjà, au congrès de 1889, qui s'est tenu au Trocadéro, la Fédération des officiers de Sapeurs-Pompiers de France et d'Algérie s'est occupée de cette question, et des vœux ont été formulés par les conseils généraux du Rhône, du Nord et de la Savoie.

Au surplus, c'est en 1888 que, pour la première fois, M. Gilbert, lieutenant commandant les Sapeurs-Pompiers de Chatou, a, au congrès tenu à Fontainebleau, développé ce système pouvant se résumer ainsi :

« Il sera perçu une taxe spéciale sur l'ensemble des primes nettes recueillies par les Compagnies d'assurances contre l'incendie. Le montant de cet impôt sera réparti annuellement, à titre de subvention, aux communes pour l'entretien et l'achat du matériel de secours et pour le service des Sapeurs-Pompiers municipaux. »

Un de nos confrères a eu l'idée d'aller voir M. Gilbert et de lui demander quelques renseignements.

— Le service de secours contre l'incendie, lui a déclaré M. Gilbert, peut être considéré comme un des plus importants, parmi les services publics. Cependant son fonctionnement, s'il a pris un certain développement dans les grandes villes, laisse encore beaucoup à désirer dans les petits chefs-lieux de canton et dans la plupart des communes rurales. Il y a, en effet, à l'heure actuelle, près de 24,000 communes qui ne peuvent disposer d'aucun matériel en cas d'incendie, et dans les autres les budgets communaux, presque toujours obérés, ont peine à faire face à des dépenses si intéressantes.

Voyez quelle lacune est à combler. Il est hors de doute que, par la nature même des devoirs qu'ils se sont imposés, les Sapeurs-Pompiers sont les véritables associés et les auxiliaires indispensables des Compagnies d'assurances et que s'ils n'existaient pas, celles-ci seraient dans l'obligation de les créer, car leur objectif est évidemment d'éviter les sinistres et d'atténuer les conséquences pécuniaires qui en résultent.

A ce sujet, il est bon de vous rappeler que trois députés, MM. Hubbard, Barbe et Montaut, ont déposé sur le bureau de la Chambre une proposition de loi tendant à faire acquitter par les Compagnies d'assurances une taxe spéciale de 1 1/2 0/0 sur l'ensemble des primes perçues par elle.

Il ne s'agit pas de créer une taxe vexatoire pour les Compagnies d'assurances, au profit des Sapeurs-Pompiers, mais bien de procurer aux communes le moyen de constituer des corps de pompiers, d'améliorer et de perfectionner la défense contre le feu.

— Mais n'êtes-vous pas aidés par les sociétés d'assurances.

— Par quelques-unes, et c'est ce qui vous démontre combien l'idée est juste. Plusieurs sociétés d'assurances donnent déjà, de leur propre mouvement, quelques subsides pour l'achat des pompes ; ainsi, la Compagnie d'assurances mutuelles entretient le matériel de plus de trois cents communes, et elle a déjà versé plus de 800.000 francs pour dépenses concernant le service de secours.

Il y a des précédents à l'étranger. Ainsi, les tribunaux belges ont autorisé plusieurs villes à imposer une taxe semblable aux Compagnies d'assurances percevant des primes dans ces villes, et la légalité de cette taxe a été reconnue par toutes les juridictions devant lesquelles les compagnies se sont pourvues (Tribunal de Liège, 1er juin 1870 ; cassation belge, 7 mars 1856, 5 mai 1859, 27 mai 1869, 2 mars 1876 ; Bruxelles, 29 juin 1874).

A Londres, les Compagnies d'assurances versent à la caisse municipale, pour le service des pompiers, 35 livres sterling, par chaque million de capitaux assurés. En 1890, les compagnies ont ainsi payé à la Cité une somme de 671,725 fr.

En Suisse, pour le canton de Berne, cette contribution a été de 10.330 fr.

A Copenhague, la taxe est de 4 0/0.

Dans l'Amérique du Nord, les Compagnies d'assurances participent aux frais du *Fire department*, en payant une taxe de 2 0/0 sur le montant des primes perçues.

Il ne saurait venir à la pensée de personne de mettre à la charge des compagnies l'intégralité des dépenses de ce service ; mais, étant donnée la proportion considérable d'immeubles assurés (70 0/0 environ), il paraît juste de leur demander une participation et de laisser l'autre au compte des communes, car ces dernières doivent la sécurité à tous les habitants.

Les Compagnies d'assurances à primes fixes et mutuelles perçoivent approximativement par année une somme de 140 millions de primes. Elles auraient donc à verser 2,100,000 francs par an. Cette somme, répartie entre les dix mille corps de pompiers existant en France et qui possèdent dix-sept mille pompes à incendie, produirait environ 125 fr. par pompe.

La répartition par pompe aurait pour effet d'encourager les communes qui ne possèdent pas de pompes à en acquérir, et celles qui en possèdent un nombre insuffisant n'hésiteraient pas à l'augmenter, certaines qu'elles seraient d'être en partie indemnisées de leurs dépenses.

Pour repondre à ceux qui feignent de croire que cette loi fera perdre aux Sapeurs-Pompiers leur noble caractère de soldats volontaires du dévouement et de l'abnégation, je n'ai qu'un mot à dire :

On ne peut supposer que si les Compagnies d'assurances contribuent pour une part à l'achat et à l'entretien du matériel, ce fait seul transformera les pompiers en agents salariés et donnera aux assureurs un droit de surveillance quelconque. Les compagnies paient, depuis 1871, un impôt de 10 0/0 destiné à aider à la reconstruction de notre matériel de guerre. Je ne crois pas qu'il soit jamais venu à l'idée de personne que cet impôt leur conféra le droit de contrôler l'entretien des armes dans nos régiments ou dans nos arsenaux, et je me figure difficilement en quoi il peut faire de nos soldats les employés de l'assurance.

Bref, loin de faire augmenter le taux des primes, comme certains semblent le craindre, ce projet de loi produira le résultat contraire.

Les assureurs déclarent eux-mêmes que leur tarification est basée sur le principe même de l'organisation du service de secours contre l'incendie, et il est indéniable que, tout en diminuant ce taux, les compagnies trouveront encore de grands avantages. puisqu'elles augmenteront leurs affaires.

En effet, au moyen des ressources produites par la taxe. les communes pourront acquérir le matériel qui leur manque, l'organisation des secours pourra être complète partout et ceux-ci, mieux organisés, seront d'une efficacité plus puissante; il sera donc possible de limiter les dommages et d'éviter les grands désastres.

Ce phénomène économique placera les communes et les petits chefs-lieux de canton dans des conditions analogues à celles des grandes villes et consacrera ainsi un grand principe d'égalité (1).

(1) *France du Nord*, 21 septembre 1892.

LES FUNÉRAILLES

DU

Lieutenant-Colonel des Sapeurs-Pompiers FROIDEVAUX

Nous avons parlé dans cet ouvrage de la mort du lieutenant-colonel Froidevaux. Il nous paraît intéressant de parler de ses funérailles qui ont été vraiment imposantes.

Des détachements de pompiers des divers arrondissements de la capitale s'étaient rendus, dès dix heures et demie du matin, aux abords de la caserne de l'état-major et au parvis de Notre-Dame, où déjà la foule se massait pour voir passer le funèbre cortège.

L'entrée de la caserne avait été transformée en chapelle ardente; autour du cercueil, recouvert de l'uniforme, des armes et des décorations du défunt, s'élevaient des trophées de drapeaux.

Dans la grande nef de la cathédrale, entièrement tendue de draperies noires, lamées d'argent, était dressé un catafalque qui disparaissait sous les couronnes et les bouquets, touchants témoignages d'affection et d'admiration donnés au souvenir du défunt.

A midi moins cinq minutes a eu lieu la levée du corps. La dépouille mortelle du colonel était portée par huit sous-officiers du corps des Sapeurs-Pompiers.

Parmi les officiers qui tenaient les cordons du poêle, nous avons remarqué M. Azaï, lieutenant-colonel de la garde républicaine; M. le lieutenant-colonel Pierre, ancien commandant des Sapeurs-Pompiers; M. le lieutenant-colonel du 119e de ligne.

Le char était de deuxième classe, aux quatre coins les panaches étaient remplacés par des faisceaux de drapeaux tricolores, sur lesquels se détachaient des écussons aux initiales du défunt.

Parmi les couronnes, nous en avons remarqué une portant cette inscription : Au lieutenant-colonel Froidevaux, *mort au champ d'honneur*, le 7 octobre 1883.

L'ordre du cortège avait été réglé comme suit :

Après le fils et le neveu du défunt qui conduisaient le deuil, venait le colonel Couston, des Sapeurs-Pompiers; M. le capitaine Garcin, représentant le Président de la République ; MM. les ministres de la guerre, de la justice, et des travaux publics; les vice-amiraux Jauréguiberry et Peyron; le capitaine Varin, représentant la chancellerie de la Légion d'honneur; une députation de l'ambassade allemande, conduite par M. le baron Thielman ; une députation de l'ambassade anglaise, ayant à sa tête MM. Edwards et Glouther, secrétaires d'ambassade; les consuls du Mexique et de Siam et plusieurs autres représentants des puissances étrangères.

Ensuite venaient M. Floquet, préfet de la Seine, Camescasse, préfet de police, le bureau du conseil général de la Seine et du conseil municipal de Paris ; M. Daubrée, directeur de l'École des mines ; M. Caubet, chef de la police municipale ; M. Vergniaud, secrétaire général de la préfecture de la Seine; M. Vel-Durand, secrétaire général de la préfecture de police; Puy-Barraud, chef de cabinet du préfet de police; un grand nombre de sénateurs et de députés; MM. le baron Larey, Andrieux, Delattre, de Lanessan, Lafont, Greppo, etc. ; des conseillers municipaux, MM. Leven, Deligny, Dubois; des officiers supérieurs de toute arme : MM. les généraux Colonieu, Loye, Gallimard; le colonel et les officiers du 119e de ligne; le colonel du 89e de ligne; l'état-major du général Grévy; les colonels et les officiers du 1er régiment du génie et du 22e chasseurs à pied; une députation du 8e dragons; une députation de l'École de médecine, du Val-de-Grâce; M. Courbet, trésorier de la ville de Paris; enfin, les directeurs de presque tous les journaux politiques de la capitale; n'oublions pas des députations de divers corps des Sapeurs-Pompiers de la banlieue et de la province, et particulièrement les députés du corps des pompiers de Dijon.

Une grand'messe a été chantée par la maîtrise de la cathédrale.

Mgr l'archevêque de Paris a donné l'absoute. Après le service religieux, le corps a été placé dans le corbillard; puis le cortège s'est mis en marche vers le cimetière Mont-Parnasse au milieu d'une grande foule profondément émue.

Voici le discours qui a été prononcé par M. le colonel Couston devant le cercueil de l'héroïque lieutenant-colonel Froidevaux :

« MESSIEURS,

» La douloureuse mission m'échoit de saluer, *au nom de mon régiment*, la noble victime à laquelle l'armée et la Ville font, en ce moment si solennel, un cortège immense et mérité.

» Le colonel Froidevaux était, rare privilège, un de ces hommes qui, malgré leurs grandes qualités, n'ont pas d'ennemis.

» Son instruction profonde, son tact exquis, sa scrupuleuse probité, étaient doublés d'une simplicité et d'une modestie attachantes qui n'excluaient pas une fermeté inébranlable.

» Ingénieur intelligent, architecte pratique, il conduisait l'instruction technique des cadres avec autant de distinction qu'il avait dirigé autrefois l'école de tir au camp de Châlons.

» Sa fonction principale était de surveiller la fabrication du matériel et de veiller à son entretien.

Avec quelle exactitude il exigeait, après chaque sinistre, qu'on rapportât dans les ateliers toutes les pièces mises en batterie, afin que ses braves sapeurs, qu'il aimait tant, courussent moins de danger en préservant la propriété avec le plus de rapidité !

» Aussi personne ne lui a-t-il jamais contesté la part réelle qu'il a prise au perfectionnement de notre outillage de défense contre l'incendie.

» Il était officier de l'instruction publique et depuis longtemps officier de la Légion d'honneur.

» Chez ce soldat laborieux, l'étude des sciences exactes n'arrêta jamais l'essor de l'imagination.

» En Italie comme sous les murs de Metz, où, dans une même journée, il eut deux chevaux tués sous lui, il avait déjà donné la mesure de cette vaillance militaire dont les saintes ardeurs, se développant encore au contact quotidien du *danger professionnel*, devaient le conduire à la fin glorieuse que Dieu ne prodigue pas, mais qu'il réserve au citoyen sans reproche.

» Son exemple a produit de grands fruits dans *ce beau régiment* dont je veux parler en toute humilité.

» Y arrivant à peine, ce n'est pas moi qui l'a fait illustre.

» Mais je le connais assez dès aujourd'hui pour dire que ce n'est pas en vain que tous nos régiments lui envoient leurs meilleurs soldats pour affirmer qu'il est digne de la bienveillance que lui accorde notre éminent ministre de la guerre, des encouragements de tous ceux qui représentent la Ville, de l'affection que Paris ne lui marchande pas.

» Le colonel Froidevaux laisse un fils qui entrera à l'Ecole militaire d'infanterie, et dont la carrière nous sera chère à tous. Son nom restera donc dans l'armée, et avec lui, j'en ai la confiance, un témoignage vivant de ses vertus.

» Sa vie, qui, autant que sa mort, est un enseignement, sera dite dans nos annales et les promotions futures, pratiquant la plus noble des égalités, répondront, avec une douloureuse fierté, à l'appel du nom de Froidevaux, comme à celui des sapeurs, ses glorieux devanciers : « *Mort au feu*. »

» Au revoir, cher et aimé camarade. »

Voici le discours de M. Yves Guyot, vice-président du conseil municipal :

« Sapeurs-Pompiers,

» Messieurs,

» Ce n'est pas, malheureusement, la première fois que le Conseil municipal est appelé à rendre, dans de douloureuses circonstances, hommage au courage des Sapeurs-Pompiers. *C'est votre honneur*; c'est notre tristesse.

» Nous tous, Parisiens, qui avons à un haut degré le sentiment des obligations et la mission de la ville de Paris, nous avons souvent eu occasion d'attester le dévouement des Sapeurs-Pompiers, prévenus trop tard, par la faute des moyens de communication insuffisants, arrivant sur le lieu du sinistre, en sueur, surmenés, exposés non seulement au danger de l'accident brutal, mais encore à la maladie, et jamais rebutés, accomplissant leur tâche avec une audace qui n'a d'égale que leur habileté et leur sang-froid; mais pendant longtemps nous devrons mettre en regard de ce dévouement l'insuffisance des moyens d'action mis à leur disposition.

» Chacun rendra cette justice au Conseil municipal qu'il n'a jamais marchandé les ressources nécessaires à compléter leur outillage. Sa commission des incendies étudie avec persévérance la transformation que réclament les besoins de chaque jour et qu'indiquent les progrès de la science. »

M. Camescasse, préfet de police, s'est exprimé ainsi :

« La préfecture de police s'honore de compter parmi les grands services placés sous son administration *l'admirable corps des Sapeurs-Pompiers*.

» C'est un devoir pour le préfet de police de payer un tribut particulier de regrets et de sympathie à l'officier qui, depuis de longues années déjà, s'était fait aimer et respecter de tous.

» J'ai eu l'honneur de me trouver près de lui dans plusieurs incendies, et tous ceux qui l'ont vu ont été frappés de sa bravoure tranquille, je dirai presque de sa modestie dans l'action, tant il était calme, réfléchi, tant il semblait vouloir s'effacer dans ces luttes meurtrières dont cependant il était l'âme.

» La préfecture gardera un long souvenir de cet officier sympathique, doux et bon dans les rapports de chaque jour.

» Sa mort est un grand exemple, et ses superbes funérailles, suivies par la population entière, seront un grand encouragement au devoir pour tous les hommes de dévouement, gardes républicains et gardiens de la paix, qui veillent à la sécurité de Paris et savent aussi, à côté de nos chers Sapeurs-Pompiers, se sacrifier, modestement, obscurément, pour l'ordre et la paix de la cité. »

M. le préfet de la Seine a pris ensuite la parole :

« Je m'associe, a dit M. Floquet, aux sentiments que viennent d'exprimer M. le président du Conseil municipal au nom du peuple de Paris, et M. le préfet de police qui a sous sa haute direction administrative ce corps de Sapeurs-Pompiers, objet de la juste admiration, du respect et de l'affection de tous les habitants de Paris.

» Nous venons de perdre un de ses chefs les plus élevés, qui, par ses talents, son dévouement, son courage avait conquis une place d'élite parmi ces hommes d'élite. Il est tombé sur son champ de bataille, après avoir assuré la victoire, et la foule qui s'empresse à cette cérémonie témoigne que la population parisienne a été touchée au cœur par cette terrible catastrophe.

» Aujourd'hui nous saluons le héros.

» Dans quelques semaines nous inaugurerons le monument que le Conseil municipal a décidé de consacrer à la sépulture des Sapeurs-Pompiers morts au feu. Nous y placerons, dans la sainte égalité du devoir accompli, le colonel Froidevaux, à côté des simples soldats, victimes de l'ennemi qu'ils sont chargés de combattre. Parmi tant d'autres tombeaux destinés à rappeler dans cet asile du passé les grandeurs morales et intellectuelles de la cité vivante, ce monument ne sera pas le moins mérité et le moins populaire.

» Aux jours de commémoration, le peuple de Paris, fidèle au culte de ses morts, honorera pieusement cette tombe commune toujours ouverte, hélas ! aux vaillants de chaque jour, mais d'où sortira incessamment pour nous tous la leçon du dévouement, du sacrifice, de l'héroïsme pacifique mis au service de la solidarité sociale. »

M. le général de brigade Millot, commandant la place de Paris, a prononcé ces mots d'adieu ;

« Il est deux manières de prouver son dévouement à son pays, soit en luttant pour lui contre les ennemis extérieurs, soit en le servant à l'intérieur avec énergie et suivant sa volonté.

» La fin du colonel Froidevaux prouve que, dans ces deux alternatives, il est possible de mourir glorieusement.

» Au nom de son régiment, qui fait partie de ma brigade, je lui dis adieu.

» Au nom de la République, toujours reconnaissante des services rendus, je lui dis : Merci !

» Comme soldat, j'affirme qu'il est mort au champ d'honneur ! »

FIN

TABLE DES MATIÈRES

TROISIÈME PARTIE

TABLE DES GRAVURES

— Lille. Typ. A. Taffin-Lefort. 1892. —

www.ingramcontent.com/pod-product-compliance
Lightning Source LLC
LaVergne TN
LVHW020552230826
846091LV00002B/462

* 9 7 8 2 0 1 9 6 8 4 1 4 3 *